D1752677

PRODUCCIÓN CINEMATOGRÁFICA
Del proyecto al producto

Federico Fernández y Carolina Barco

PRODUCCIÓN CINEMATOGRÁFICA
Del proyecto al producto

© Federico Fernández y Carolina Barco, 2009

Reservados todos los derechos.

«No está permitida la reproducción total o parcial de este libro, ni su tratamiento informático, ni la transmisión de ninguna forma o por cualquier medio, ya sea electrónico, mecánico, por fotocopia, por registro u otros métodos, sin el permiso previo y por escrito de los titulares del Copyright.»

Ediciones Díaz de Santos
E-mail: ediciones@diazdesantos.es
Internet: http://www.diazdesantos.es/ediciones

Fundación Universitaria Iberoamericana
E-mail: funiber@funiber.org
Internet: http://www.funiber.org

ISBN: 978-84-7978-935-0
Depósito legal: M. 50.608-2009

Fotocomposición: María Lin
Diseño de cubierta: Asun Galera en serigrafía cortesía de Miguel Lescano
Impresión: Fernández Ciudad

Impreso en España

A mis padres y mi hermano.

*A Carina Portillo, Joan Antoni Barjau y
Dionisio Pimienta.*

Carolina Barco

*A todos los alumnos de cine y TV que han confiado
en nosotros a lo largo de más de veinte años.*

Federico Fernández

Índice

Capítulo 1 •• Visión general del panorama audiovisual español............ 1

1.1 Panorama actual... 1

1.2. La evolución del sector.. 3

1.3. Situación actual del sector audiovisual en España 4

Capítulo 2 •• El desarrollo de un proyecto audiovisual 15

2.1. Las funciones de la producción... 15

2.2. De la idea al guión 19

        2.2.1. El contrato de guionista 24

        2.2.2. La adaptación de una novela 28

        2.2.3. El contrato de opción 29

        2.2.4. El contrato de adaptación audiovisual 33

2.3. La financiación 38

        2.3.1. Las subvenciones.. 39

        2.3.2. Las preventas a televisión 61

        2.3.3. Recursos propios 67

        2.3.4. El *product placement*... 69

        2.3.5. El *merchandising*... 71

2.4. Las coproducciones 75

        2.4.1. Definición y características... 75

        2.4.2. El régimen legal de la coproducción y su aprobación......... 77

        2.4.3. La búsqueda del coproductor....................................... 84

        2.4.4. *Deal memo* de coproducción....................................... 85

        2.4.5. El contrato de coproducción 86

Capítulo 3 •• La realización del proyecto 93

3.1. La Preproducción 93
       3.1.1. Gestión de localizaciones y permisos 100
       3.1.2. Contratación del equipo técnico y artístico 102

3.2. El rodaje 111

3.3. La postproducción 117
       3.3.1. Nacionalidad española y calificación por edades 119

Capítulo 4 •• Distribución y explotación de la obra audiovisual 127

4.1. La distribución en salas 128

4.2. Mercados y festivales 136

4.3. Agentes de ventas 140

4.4. Explotación videográfica 141

4.5. Explotación en televisión 143

4.6. Televisión móvil e Internet 145

    Apéndice 1 •• La nueva ley de cine 147

    Apéndice 2 •• Modelo presupuesto ICAA 153

    Bibliografía 179

Visión general del panorama audiovisual español   1

En este capítulo se aportan datos sobre la evolución de la producción y distribución del cine español y se enumeran y analizan las particularidades que condicionan el ejercicio de estas actividades en nuestro país.

Los aspectos destacados describen de forma sintética pero clara, las características más relevantes para comprender la situación actual de la industria y los condicionantes que enmarcan, en la práctica, las actividades de producción y distribución del cine español.

1.1. PANORAMA ACTUAL

Según las últimas estimaciones aparecidas en revistas especializadas, la industria audiovisual española, considerando los ámbitos de la creación, producción, distribución, exhibición y consumo, representa en España alrededor del 4% del PIB.

Estas cifras, aunque aproximadas por la falta de datos económicos oficiales para el sector, sin embargo permiten hacerse una idea del importante peso que tiene esta industria en la economía global.

Cuando nos referimos a la industria audiovisual española aludimos a diversos colectivos, diferentes entre sí, que a menudo presentan intereses confrontados: creadores, productores, distribuidores y exhibidores tienen, cada uno de ellos, sus propios intereses y, a veces, que un colectivo consiga sus objetivos implica, forzosamente, que otro deba renunciar en parte a los suyos.

Por tanto, el sector audiovisual es un sector complejo en el que intervienen muchos actores e intereses y en el que no siempre se alcanzan acuerdos satisfactorios para todos.

La industria audiovisual ha adquirido hoy una gran complejidad con la diversificación de la oferta televisiva, internet y el desarrollo de productos y servicios audiovisuales para la telefonía móvil, sin embargo podemos observar que todavía el modelo de fabricación de producto, distribución, exhibición y consumo sigue el esquema clásico establecido por la industria cinematográfica.

Gráficamente, podemos representarlo de la siguiente manera:

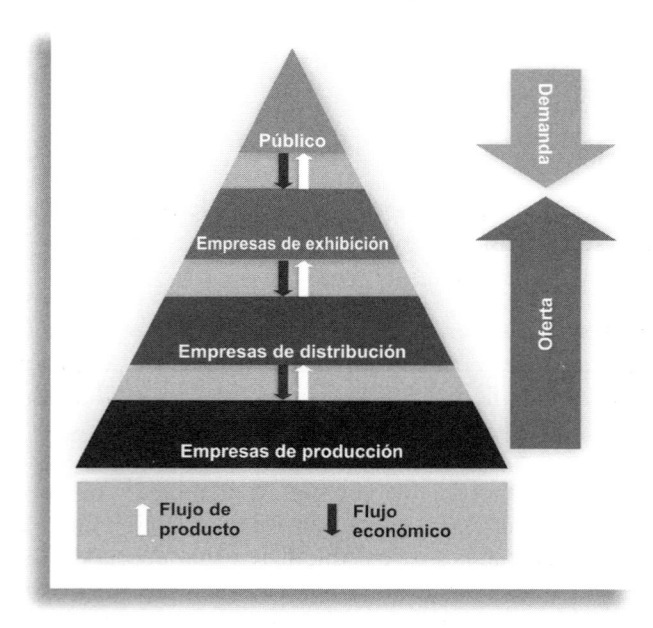

[Pirámide con niveles de arriba a abajo: Público, Empresas de exhibición, Empresas de distribución, Empresas de producción. Flechas laterales: Demanda (hacia abajo) y Oferta (hacia arriba). Indicadores: Flujo de producto y Flujo económico.]

Sector producción

Es el conjunto de agentes que fabrican el producto audiovisual. Incluye a los creativos (autores) y a la industria auxiliar (empresas de servicios) laboratorios, estudios de grabación, salas de doblaje y sonorización, empresas de alquiler de equipos, etc., que realizan sus servicios para una empresa productora.

La empresa productora

Es el auténtico motor de la producción, sin la cual no existiría el producto cinematográfico.

1. Asume la labor de promoción y financiación directa de producciones cinematográficas y por tanto recae sobre ella, en primera instancia, el riesgo empresarial de la producción.

2. Orienta y organiza, en primera línea, los oportunos procesos de producción.

3. Posee siempre la titularidad de los derechos de explotación comercial de las películas, que cede para tiempos y territorios determinados a la distribuidora, mediante venta en firme o porcentaje (dar la película a distribución).

Sector distribución

Si bien la distribución se ha diversificado, en los últimos tiempos se mantienen los aspectos clave que caracterizan a las clásicas empresas de distribución.

La empresa distribuidora

1. Ejerce la labor de intermediación comercial.
2. Puede contribuir a la financiación de la película mediante adelantos garantizados de distribución.
3. Puede condicionar la orientación del filme al financiar anticipadamente.
4. Contribuye a la concesión de créditos bancarios mediante el compromiso de distribución (sin anticipos).
5. Asume costes de copias de explotación y publicidad de lanzamiento (sin anticipos).
6. Comercia con los exhibidores la difusión masiva del producto.

Sector exhibición

Al igual que la distribución —e incluso en mayor medida— la exhibición se diversifica enormemente. Sin embargo, son las salas de exhibición cinematográficas, en primera instancia, el primer punto de exhibición de la mayoría de las películas con cierta entidad.

La empresa exhibidora

1. Hace posible el consumo mediante la disposición de salas equipadas de exhibición (riesgo empresarial).
2. Interpreta, en primera instancia, los gustos y deseos del público.
3. Adquiere la cesión de derechos a tanto alzado o a porcentaje.

1.2. LA EVOLUCIÓN DEL SECTOR

Los medios audiovisuales han experimentado, desde sus comienzos hasta la actualidad, cambios y transformaciones que afectan a las estructuras de producción, de difusión, a los modos de producir e incluso a la tipología de sus productos.

Los continuos desarrollos tecnológicos y los cambios sociales han contribuido a organizar y estructurar las actividades clásicas cinematográficas, conformando una industria cambiante, en constante adaptación a los nuevos contextos.

Las nuevas formas de distribución de televisión con distintos contenidos programáticos, la aparición de otros soportes (magnetoscopios, informática, productos telemáticos, telefonía móvil...) han conformado un entramado industrial de gran relevancia que mueve cifras económicas muy considerables.

El sector audiovisual experimenta un importante crecimiento y diversificación cuyo alcance solo comenzamos a intuir, sin embargo, como puede observarse en el gráfico siguiente, el nuevo entramado se estructura a partir del eje del modelo cinematográfico.

El gráfico muestra de qué modo se integra la actividad de las televisiones en la producción, distribución y exhibición cinematográfica, y lo mismo en el caso del vídeo, ahora transformado en DVD.

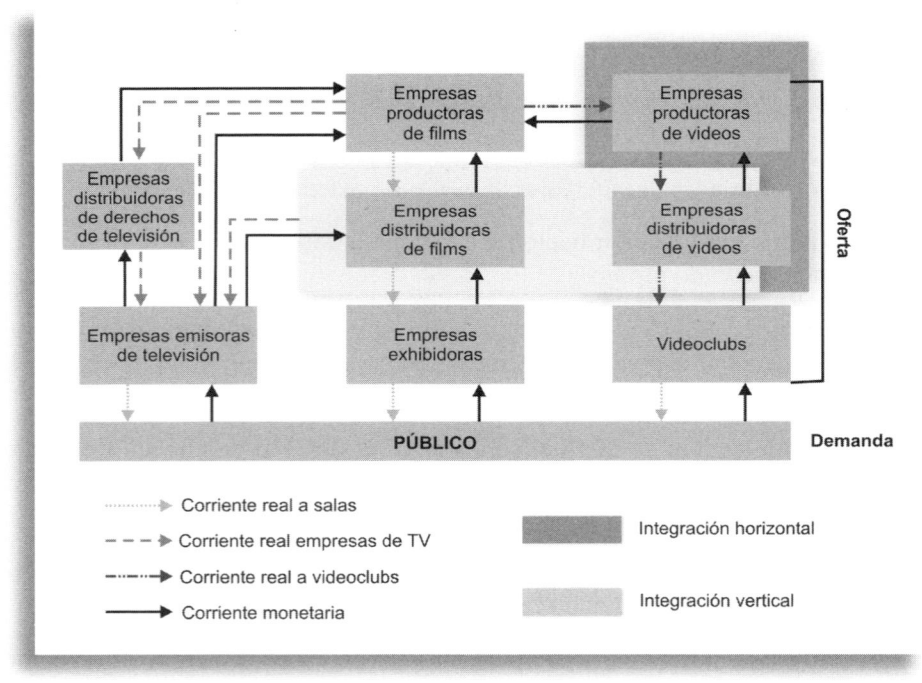

Subsistema nuevo descrito por José G. Jacoste Quesada en su libro El productor cinematográfico *(Ed. Síntesis, 1996), en el que aparecen las empresas productoras de videos, las distribuidoras de vídeos y las emisoras de televisión dentro del sistema cinematográfico.*

1.3. SITUACIÓN ACTUAL DEL SECTOR AUDIOVISUAL EN ESPAÑA

Estamos frente a un sector en evidente crecimiento. Según la *Memoria Anual de la FAPAE* (Federación de Asociaciones de Productores Audiovisuales Españoles), la producción audiovisual presenta en el periodo 2001–2006 un crecimiento acumulado del 32,9% mientras la tasa de crecimiento del empleo directo es del 19,1%.

La facturación total del sector de la producción audiovisual independiente en 2006 fue de 1.868 millones de euros (un 8,2% más que en 2005).

El empleo se situó en 2007 en los 10.349 trabajadores.

La facturación de la producción audiovisual se encuentra altamente concentrada. Tan solo dos comunidades, Catalunya y Madrid, representan el 89% del total.

Esta concentración afecta también a la creación de empleo: 57% en Madrid y 24% en Catalunya.

Estos datos por sí solos ni describen ni explican la situación del sector ni las posibilidades de evolución.

Antonio Cuevas (*Principios económicos de la industria y el comercio cinematográficos*) remarcaba los siguientes principios económicos de la producción cinematográfica:

- No existe producción nacional que sea suficiente, en cantidad y variedad, para cubrir las necesidades de su propio mercado.

- Ninguna producción nacional consigue amortizar sus películas tan solo en el mercado propio.

- Cada película es un prototipo, un modelo, y la consecución de cada unidad de obra supone tal inversión de trabajo, tiempo y capitales, que los errores resultan decisivos.

- La fabricación de una película supone el empleo de elevados capitales, cuya posible recuperación, sometida a la explotación comercial, es lenta, por ser su consumo de carácter sucesivo.

- No existe relación directa entre las inversiones realizadas en una obra cinematográfica y la bondad de su resultado.

- No existe norma o criterio para fabricar películas de seguro éxito comercial y, en consecuencia, no es posible calcular a priori el valor económico final de la película, ya que la demanda cinematográfica varía en función de una calidad apreciada de forma subjetiva por el espectador.

A consecuencia de todo lo anterior:

- La industria cinematográfica se enfrenta con un nivel de riesgo muy superior al de cualquier otra producción de bienes y servicios.

- La producción de películas precisa de una situación excepcional de financiación (elevadas inversiones por unidad de obra y lenta recuperación de las mismas).

- El comercio internacional es imprescindible en la actividad cinematográfica (la importación y exportación de películas, la concurrencia, es absolutamente necesaria).

El producto cinematográfico, al mismo tiempo, presenta una serie de condiciones favorables como mercancía:

- La posibilidad de visión colectiva de una película (consumo masivo).
- Es un producto duradero, sin más limitación para su consumo que la pérdida de actualidad.
- Cada película permite obtener tantas copias fieles al original como se precise, y a un precio reducido en relación al coste inicial de producción.
- Es de fácil transporte, pudiendo proyectarse simultáneamente en los más apartados y diversos lugares.
- Es un típico producto de exportación y consumo popular.

El sector de la producción audiovisual en España no escapa a las condiciones generales enumeradas, válidas para cualquier producción nacional, respondiendo a ellas con mayor o menor fortuna con una realidad específica y diferenciada:

Es un mercado atomizado

Existe un elevado número de productoras. Estamos frente a un mercado muy disperso con muchas productoras que tienen un nivel bajo de producción. Son pocas las productoras que presentan una fuerte capacidad productiva.

Y ésta es una tendencia que no varía a lo largo de los años: la mayoría de las productoras españolas solo producen un largometraje anual. Según datos del ICAA, en 2007, de 213 empresas productoras activas, 167 (78,40%) participaron en la realización de una sola película; 37 (17,37%) entre 2 y 4, y solo 9 (4,23%) participaron en 5 o más películas. En el año 2006 el panorama fue similar: de 183 productoras activas, 138 empresas participaron en una sola película, 41 entre 2 y 4, y solo 4 participaron en 5 o más películas.

De alto riesgo

La producción audiovisual es considerada una actividad empresarial de elevado riesgo. No hay una película igual a otra, todas son únicas y diferentes. Esto hace que sea muy difícil predecir el éxito de un filme y que haya que esperar a lanzarlo al mercado para conocer el resultado. Algunas películas que cuentan con todos los ingredientes para confiar en que será un éxito a veces resultan un fracaso y, al contrario, películas que parece que pasarán sin pena ni gloria calan fuerte en el público, que las convierte en un bombazo.

A la inseguridad que genera el no saber qué resultados dará el filme se une el hecho de que el productor ostenta unos determinados derechos que, al fin y al cabo, son intangibles. Es cierto que cuando la película esté producida habrá un negativo pero lo importante no es el valor del negativo en sí sino los derechos de explotación sobre el mismo. El productor trabaja en el ámbito de la propiedad intelectual y eso dificulta las relaciones con los inversores y las entidades bancarias que no suelen a tener un buen conocimiento del funcionamiento del sector.

La cinematografía es, además, una de las pocas actividades económicas en las que el consumidor del producto abona una cantidad uniforme por el visionado en las salas públicas, con independencia del coste de producción de las películas que se ofrecen, de su nivel técnico/artístico y de su origen.

La calidad es un criterio que puede variar y, en todo caso, no implica el éxito de taquilla. Hitchcock decía "El cineasta podrá liberarse de las condiciones comerciales cuando un film no cueste más caro que un lapicero y una hoja de papel".

Todo esto conlleva la dificultad en la búsqueda de la financiación, en especial para aquellas películas con un fuerte componente cultural. Sin embargo, paradójicamente, existe un aumento constante de la producción.

Con un aumento constante de la producción

Año tras año aumenta el número de producciones españolas y de coproducciones en las que interviene una productora española, puede interpretarse como un signo de buena salud del sector de la producción española.

En el año 1999 se produjeron 82 películas (44 totalmente españolas y 38 en coproducción). En el año 2002 la cifra se elevó a 137 películas producidas (80 españolas cien por cien y 57 en coproducción). En el año 2003 las cifras descendieron ligeramente, situándose en 110 filmes producidos (67 enteramente españoles y 43 en coproducción). La razón principal de este descenso fue la fusión de las plataformas digitales Canal Satélite Digital y Vía Digital, que provocó la falta de inversión de las televisiones digitales en la producción, una inversión clave para el sector. Sin embargo, la situación se normalizó de nuevo al año siguiente y en 2004 se produjeron 133 filmes españoles, 41 de ellos en coproducción.

Datos más actuales arrojan cifras también optimistas: en 2007 se alcanzó un nivel de producción de 172 largometrajes (37 de ellos documentales y 5 de animación), lo que supone la cifra más alta de los últimos 25 años.

En este mismo año, la coproducción también aumentó: se coprodujeron 57 películas (frente a las 41 del año 2006). Los países con los que más se coproduce son Argentina (19), Reino Unido (19) y Francia (8).

Sin embargo, la producción de cortometrajes en 2007 descendió, habiéndose producido 156 frente a los 209 del año 2006.

Con un crecimiento del coste medio de las películas

Los filmes españoles son, cada vez, más caros. Si en el año 2000 la media de coste de una película rondaba 1.800.000 euros, en el año 2004 se pasó a los 2.100.000 euros y en 2007 alcanzó los 3 millones de euros.

Es evidente que con el transcurso de los años se encarecen los recursos técnicos y humanos necesarios para la producción de un filme. Aunque también existen otras razones para este incremento, siendo la principal la voluntad de los productores de situar sus películas a la altura de las demandas del público, competir en los mercados internacionales y contar con profesionales —tanto técnicos como artísticos— que, pese a suponer un aumento importante del coste de la película, le aportan un valor añadido.

El referirnos al aumento del coste en función del personal técnico y artístico nos lleva, inevitablemente, a hablar del *star system* español. Indudablemente, no podemos compararlo con el consolidado *star system* americano pero, cada vez más, nuestro *star system* nacional coge fuerza. Actualmente, disponemos de un plantel de profesionales que movilizan a muchos espectadores: se habla de la última película de Jaume Balagueró o Alejandro Amenábar, del reciente trabajo de Javier Bardem o Penélope Cruz. Es cierto que contar con este tipo de profesionales de tanta popularidad requiere una inversión muy fuerte en el filme, pero el productor sabe que es una inversión que va a rentabilizar explotando, precisamente, ese valor añadido. Y no solo representan un beneficio para las películas en las que participan, sino para el cine español en su conjunto, por la imagen que proyectan de él y el interés que, por nuestra cinematografía despiertan más allá de nuestras fronteras.

Con una cuota de mercado consolidada

El cine español tiene una cuota de mercado relativamente consolidada. En el año 2007 fue del 13,5% frente al 15,4% del año anterior.

La cuota de mercado del cine americano en 2007 fue del 67,5%.

Esta consolidación es posible gracias a que tanto la recaudación como el número de espectadores de las películas españolas se mantienen bastante estables, aun teniendo en cuenta las oscilaciones de un año al otro provocadas por un número determinado de películas.

El aumento de la cuota y de la recaudación del cine español no es fruto de la gran mayoría de películas españolas sino mérito de unas cuantas. De esta manera, el éxito de solo unas pocas películas consigue aumentar de manera notable la cuota del cine español. Nos referimos a películas como:

- Año 2007: *Rec* (Castelao Productions SA), *El orfanato* (Rodar y Rodar Cine y Televisión SL y Producciones Cinematográficas Telecinco SLU) y *Las Trece Rosas* (Enrique Cerezo PC, Pedro Costa PC y Filmexport Group SRL).

- Año 2006: *Alatriste* (Estudios Picasso SA, Origen PC y NBC Universal Global Networks España SL), *Volver* (El Deseo DA, SL), *Los dos lados de la cama* (Estudios Picasso SA, Telespan 2000 SL e Impala SA), *El laberinto del fauno* (Estudios Picasso SA, Tequila Gang y Esperanto Filmoj SA de CV), *Los Borgia* (Ensueño Films SL y De Angelis Group) y *El perfume* (Castelao Productions SA, Constantin Film Produktion Gmbh y Nef Productions).

- Año 2005: *Torrente 3* (Amiguetes Entertainment SL), *El reino de los cielos* (Reino del Cielo SL, BK Production Ltd., KOH Productions Inc. y Babelsberg Films Gmbh), *Princesas* (Reposado Producciones Cinematográficas SL y Mediaproducción SL) y *El penalti más largo del mundo* (Tornasol Films SA y Ensueño Films SL).

- Año 2004: *Mar adentro* (Sogecine, Himenóptero SL, UGC Images y Eyescreen SRL), *Isi/Disi* (Lola Films SA), *El Lobo* (Castelao Productions SA, Canal Mundo Ficción SL y Estudios Picasso SA) y *La mala educación* (El Deseo DA, SLU).

No fueron éstas las únicas películas que obtuvieron éxito en esos años, pero sí las que consiguieron elevar la cuota de cine nacional.

Una lectura muy rápida a estos títulos nos lleva a extraer dos conclusiones:

1. Hay una variedad de géneros en los primeros puestos de éxitos, no siendo predominante ninguno de ellos. Vemos comedia, suspense, aventuras y drama.

2. Hay nombres del *star system* al que nos hemos referido en el apartado anterior: Alejandro Amenábar, Santiago Segura, Javier Bardem, Pedro Almodóvar o Viggo Mortensen, entre otros.

A la vista de los resultados de estas películas y de bastantes otras que —sin llegar a estos niveles de éxito— han funcionado muy bien, afirmamos que existe un determinado cine español (la mayoría de buena factura y en el que interviene el *star system*) que gusta y atrae al público español. Laurent Creton afirmaba que "la razón del éxito de una película se explica por la alquimia, la cual genera múltiples intentos de descubrir la piedra filosofal que facilita el encuentro con el público". Pues bien, algo de cierto hay en ello, no hay que olvidar que el cine va dirigido a las emociones y sentimientos de los espectadores. Pero también es verdad que existen medios para conocer los distintos perfiles de los espectadores y sus gustos. Y el productor debe conocer esos datos aunque no esté, ni mucho menos, obligado a producir en función de ellos. Hacer una película destinada a un público que no encaja con el perfil medio no tiene por qué ser sinónimo de fracaso. Y no lo será, siempre y cuando, el productor sea consciente —porque lo ha analizado previamente— de cuál es el *target* de la película que va a producir y haya obrado en consecuencia, tanto en el diseño del proyecto como en su desarrollo, producción y promoción. Todas estas acciones habrán debido estar guiadas en función de ese público potencial.

El perfil medio del espectador de cine en España es una persona joven (14-34 años), urbana, con estudios medios o superiores, de clase media o media alta, sin responsabilidades familiares y receptivo a cualquier información que disminuya su incertidumbre sobre la película (boca a boca).

Está subvencionado y protegido

El Estado español y las diferentes comunidades autónomas conceden ayudas económicas a la industria audiovisual en sus diferentes sectores.

Algunos consideran que las subvenciones deberían eliminarse porque, en lugar de ser un elemento que ayude al cine nacional a ser competitivo, lo hace acomodarse y no estar a la altura de las exigencias del mercado. Otros, por el contrario, opinan que son ayudas que mejoran la competitividad y son imprescindibles para fortalecer el tejido empresarial audiovisual.

También establece el Estado medidas de protección a la cinematografía española. La principal es la denominada "cuota de pantalla" consistente en exigir a las salas de exhibición cinematográficas un determinado porcentaje de exhibición de películas comunitarias y españolas.

En el Capítulo 2 de este libro puede encontrarse información sobre la tipología, características y requisitos de las subvenciones. En el Apéndice 1 se trata con más detalle la cuota de pantalla.

Si bien las ayudas al cine se consideran necesarias para proteger la propia industria y los valores y cultura de nuestra sociedad, a lo largo de la Historia se ha podido constatar que:

- Se produce una inflación artificial de los presupuestos y costes de producción al pretender alcanzar los productores una mayor cuantía en las subvenciones.
- Se crean sociedades de producción efímeras por parte de los directores, que se constituyen en empresa para producir su película subvencionada.
- Algunos proyectos cinematográficos se plantean y diseñan para obtener el dinero del Estado, y de espaldas a la audiencia.

Las subvenciones selectivas, además, han funcionado como un eficaz modo de censura.

Sin embargo y a pesar de todo, consideramos importante mantener ayudas objetivas a la producción para proteger al sector audiovisual.

Con gran dependencia de las televisiones

La industria cinematográfica española tiene una fuerte dependencia de las televisiones. Si éstas dejasen de invertir en el cine español, los productores se verían obligados a cambiar radicalmente el esquema de financiación de las películas a fin de que pudiera seguir existiendo cine español. La inversión de las televisiones es pues, clave para la supervivencia del cine nacional, constituyendo uno de los pilares fundamentales de su financiación.

Incluso el Preámbulo de la Ley 55/2007 del Cine alude a este hecho, al concebir la producción de cine como contenido básico de la televisión y a ésta como un elemento muy importante en la difusión, promoción y financiación de la cinematografía.

La inversión de las televisiones viene obligada por el Real Decreto 1652/2004, de 9 de julio, que regula la inversión obligatoria para la financiación anticipada de largometrajes y cortometrajes cinematográficos y películas para televisión, europeos y españoles. La más conocida como "Ley del 5%" obliga a las televisiones a destinar el 5% de sus ingresos de explotación obtenidos en el año anterior a la financiación de películas cinematográficas y para televisión europeas (reservándose el 60% de la financiación obligatoria a obras en lengua original española).

La imposición de esta obligación no ha estado ni sigue estando exenta de polémica, ya que no todas las televisiones a las que les es de aplicación están de acuerdo en tener que destinar obligatoriamente parte de sus ingresos de explotación a unos proyectos que, tal vez, no les resultan del todo convincentes. Sin embargo, los productores consideran su implantación imprescindible y aseguran que conlleva un importante paso adelante en la consolidación del sector de la producción en España.

Que compite en desigualdad de condiciones

En la afirmación de que el cine español no compite en igualdad de condiciones con el cine americano se esconde una de las luchas más arduas de la industria cinematográfica española. Los intereses, de un lado de los distribuidores y los exhibidores y, de otro lado de los productores, están confrontados. Basta con ver la gran cantidad de películas que se estrenan cada fin de semana para entender que la lucha por mantenerse en la cartelera es muy dura, y mientras los productores españoles luchan por seguir manteniendo su película, los distribuidores y exhibidores quieren sustituirla por otra que creen que funcionará mejor.

Un conocido director de cine español se lamentaba de que su película había sido, irremediablemente, retirada de los cines cuando superaba ya los 6 millones de euros de recaudación. La razón era simple: el estreno de la primera parte de El señor de los anillos exigía muchas pantallas y garantizaba muchos beneficios, así que se optó por dejar de exhibir en los cines una película que generaba una buena recaudación por otra que seguro iba a ser un bombazo. Esta situación se repite en otros casos y supone un importante perjuicio tanto para los productores españoles como, en general, para el cine español.

La Ley 55/2007 del Cine establece una serie de medidas para garantizar una competencia más justa. Nos referimos a ellas en el Apéndice 1 de este libro.

En febrero de 2003 se presentó públicamente la Plataforma por la Defensa del Cine Español, iniciativa de FAPAE (Federación de Asociaciones de Productores Audiovisuales Españoles). A través de un documento titulado *"El cine español exige unánimemente igualdad de condiciones para competir en su propio mercado"*, se analizaba la situación del sector y se proponían 14 medidas con la finalidad de "equilibrar las condiciones de mercado y establecer las pautas necesarias en la distribución y explotación de las películas —tanto en salas como en televisiones y vídeo— a fin de permitir al cine español competir en su propio mercado".

Estrechamente ligado a este tema, resaltamos dos hechos:

- Sólo 6 películas españolas en 2007 alcanzaron un tiraje de 300 copias frente a las 49 películas extranjeras que salieron al mercado con más de 300 copias. De éstas, 11 salieron con más de 500 copias. Ninguna película española llegó a las 500 copias.
- La inversión en promoción y publicidad de las películas españolas es irrisoria si la comparamos con las campañas de lanzamiento y promoción de las películas americanas.

Las distribuidoras de películas españolas que, en 2007, se situaron en los puestos más altos de la lista son: Warner Bros Entertainment España SL, Universal Pictures International Spain SL, Hispano Foxfilm SAE, The Walt Disney Company Iberia SL y Sony Pictures Releasing de España SA.

Es internacional

Según datos de FAPAE extraídos de la consulta directa a las empresas productoras y a los agentes de ventas, las ventas internacionales de la producción audiovisual española alcanzaron en 2006 un valor de 95,8 millones de euros, correspondiendo el 64% del total a la exportación de contenido cinematográfico y el restante 36% a exportación de contenido para televisión.

Sin embargo, estas ventas internacionales se encuentran fuertemente concentradas en un número muy reducido de empresas, ya que solo tres empresas suponen casi el 80% de la cifra global de exportación.

Como razones fundamentales del aumento de este tipo de ventas se apunta a la creación de grupos de empresas especializados en la exportación, al éxito de nuestro *star system* y al apoyo del ICEX (Instituto Español de Comercio Español) que tiene como finalidad impulsar y facilitar la proyección internacional de las empresas españolas.

Los principales destinos de las ventas internacionales son Europa (44%) y Estados Unidos (30%), siendo el mercado latinoamericano el que ha experimentado mayor crecimiento, pasando del 5% de las ventas en 2001 al 20% en 2006.

Está pendiente de la innovación tecnológica

La innovación tecnológica en el cine español está en alza. La Ley 55/2007 recoge que se establezcan medidas para fomentar la innovación y permitan adaptar el sector audiovisual a las nuevas tecnologías.

El soporte tradicional de trabajo en la industria cinematográfica española sigue siendo el fotoquímico aunque, cada vez más, se introduce el formato digital. Los expertos dicen que ambos formatos serán compatibles en un futuro y que el digital no eliminará al fotoquímico. Pero lo cierto es que, desde la primera película española rodada íntegramente en alta definición (*Lucía y el sexo*, de Sociedad General de Cine SA) la tendencia a rodar en formato digital aumenta imparablemente.

El digital presenta ventajas respecto al soporte tradicional, como que permite las manipulaciones informáticas con gran facilidad así como la creación de efectos especiales y, además, implica un importante ahorro de negativo. Desde el punto de vista de la exhibición, el cine digital supone la eliminación del tiraje de copias en bobinas con miles de metros de celuloide, y su sustitución por un archivo electrónico de varios centenares de gigabytes. Además, tras las proyecciones, el fotograma pierde calidad mientras que la película digital no.

Tiene problemas de piratería

La industria audiovisual española no escapa al problema de la piratería. Si en el año 2002 expertos consideraban que se trataba de un "problema testimonial", en 2008 ya nadie se atreve a poner en duda que estamos ante un gravísimo problema que genera pérdidas millonarias a la industria.

Creemos que será necesaria la concienciación popular unida a la acción conjunta del Ejecutivo y de todas las partes afectadas para reducir la piratería.

El desarrollo de un proyecto audiovisual 2

En este capítulo se describe la actuación del productor a lo largo de todo el proceso de elaboración del proyecto audiovisual hasta dejarlo listo para iniciar el proceso de producción.

Tomamos el término *productor* en sentido amplio, como la persona o personas que detentan el poder ejecutivo en la empresa productora. Las funciones descritas pueden ser ejercidas por el productor promotor, por productores ejecutivos y directores de producción en los que éste delega.

Seleccionar, valorar, adquirir derechos, conseguir financiación, contratar..., son actividades de producción que a continuación se detallan con las observaciones pertinentes para su adecuada ejecución práctica.

2.1. LAS FUNCIONES DE LA PRODUCCIÓN

No pretendemos generalizar, pero nos atrevemos a afirmar que el oficio de productor audiovisual en España no está lo suficientemente valorado. Probablemente ello se deba, de un lado, al desconocimiento de su trabajo y, de otro, a la creencia de que no es necesaria una buena y específica formación para ser productor y basta con tener dinero para serlo.

En este apartado nos detenemos en explicar la enorme importancia del trabajo del productor y del departamento de producción en la obra audiovisual.

Las funciones del productor (y en algunos casos de su equipo) en el proceso de producción son:

Encontrar la idea

La empresa productora decide qué idea de entre todas las que tiene o recibe, va a desarrollar a fin de convertirla en un audiovisual.

Esta decisión debe tomarla en relación a determinados criterios que se resumen en:

- La *línea de producción de la empresa.* Qué tipo de proyectos quiere realizar la productora.
- *Posibilidades comerciales del proyecto.* Si se trata de una idea estupenda, acorde con la línea de producción de la empresa pero sin posibilidades comerciales no es la idea que necesita.

Estudiar el proyecto

Una vez la empresa productora ha decidido qué proyecto quiere convertir en película, lo estudia desde una triple perspectiva:

1. *Perfil temático:* de qué trata la película y cómo se aborda el tema. Qué aporta de diferente a otras películas con la misma temática.

2. *Perfil de producción:* en qué horquilla presupuestaria está el proyecto y qué nivel de calidad tendrá la película. Todavía no sabe cuánto costará el filme pero sí sabe si será de bajo, medio o alto presupuesto y de qué cifra aproximada puede tratarse. Del mismo modo que sabe de qué calidad (en cuanto a recursos destinados) será la película. Cada producción tiene unas determinadas necesidades: si el productor produce por debajo de ellas sacrificará la calidad del producto final. Si, por el contrario, produce por encima de estas necesidades, dificultará la recuperación de la inversión.

3. *Perfil empresarial:* si se ajusta al estilo de proyectos que produce la empresa y con los que se siente cómoda. Es posible que una productora especializada en cine familiar no sea la más adecuada para producir una película de violencia.

Desarrollar el proyecto

Una vez estudiado y evaluado el proyecto, si se considera que tiene posibilidades comerciales se procede a desarrollarlo.

En esta etapa de desarrollo se incluyen todas aquellas actividades que conducen y tienen como finalidad el inicio de la preproducción.

El productor:

- *Cierra el guión:* hace el seguimiento de los avances en el guión en reuniones periódicas con el guionista, hace aportaciones y, finalmente, da su aceptación.

- *Imagina el aspecto de la película.* Tanto desde el punto vista visual como sonoro, el productor visualiza el *look* del filme.
- *Estudia, busca y gestiona las fuentes de financiación.* Se encarga de buscar el dinero para hacer la película y llevar a cabo cuantas gestiones sean necesarias para su obtención.

Afirmamos, pues, que el productor es una persona creativa al tiempo que es quien mayor orientación al negocio tiene de todos aquellos que intervienen en la producción de un filme.

Organizar la preproducción

Si como resultado del desarrollo del proyecto va a realizarse la película, el productor debe organizar toda la preproducción. Para ello utilizará todos los recursos técnicos y humanos de que disponga.

En el punto en el que se encuentra ya sabe cómo debe ser la película y de cuánto dinero dispone para realizarla. Es el momento de que, de manera directa o a través del director de producción, elabore el presupuesto definitivo, el plan de trabajo y los desgloses necesarios.

Ejecutar los planes

El productor es el máximo responsable de ejecutar los planes que se hayan adoptado relativos a la producción de la película. Por ello toma decisiones constantemente referidas a muchos aspectos de la producción.

En esta toma de decisiones deberá:

- Ser fiel a la idea original. No puede tomar decisiones que modifiquen la película que había imaginado. La razón principal es que ha obtenido financiación, para ese proyecto que había imaginado y que ha explicado a sus fuentes de financiación comprometiéndose a realizar ese proyecto y no otro. Si, en el transcurso de la producción se aleja de la idea original, a buen seguro tendrá graves problemas.

  Esto no significa que no pueda realizar pequeños cambios pero nunca que impliquen modificar sustancialmente el proyecto.

- Buscar la mayor rentabilidad posible. A la hora de decidir sobre cualquier aspecto, además de tener que mantenerse fiel al proyecto original, debe buscar qué decisión le proporciona la mayor rentabilidad posible en todos los niveles, no solo a nivel económico sino también, por ejemplo, de organización.

Crear el equipo y contratarlo

Una de las decisiones más importantes que toma el productor es la elección del equipo artístico y técnico que realizará la película. Debe proporcionar el mejor equipo humano que permita el presupuesto.

En el caso del equipo artístico es muy probable que tome la decisión conjuntamente con el director y con sus fuentes de financiación en búsqueda del más alto valor añadido para la película y su mayor rentabilidad posible.

Respecto al equipo técnico, el productor, aunque no conoce todos los detalles del trabajo de cada uno de los profesionales que intervienen en la película, sí sabe en qué consiste su trabajo y qué necesita para desempeñarlo lo mejor posible.

De manera que el productor, además de crear el equipo, también proporciona a todos los profesionales las herramientas y condiciones necesarias para que realicen un trabajo óptimo.

Una vez seleccionado el equipo, el productor los contrata.

Controlar

El productor debe tener toda la producción bajo control, porque él es el responsable final de la misma. Así que su obligación es asegurarse de que el resultado obtenido es el esperado.

Para ello realiza una serie de controles referidos a:

- *Calidad.* Que la calidad de la película sea la que había imaginado. Y debe serlo en todos los niveles posibles: visual, sonoro, interpretativo, etc. Si está consiguiendo un nivel superior no habrá problema, pero si no llega al nivel previsto deberá tomar las medidas y decisiones necesarias a fin de llegar a él.

- *Gastos.* Que éstos se mantengan dentro de las previsiones y no se incurra en gastos que sobrepasen el dinero que ha conseguido para financiar la película ni en gastos innecesarios.

- *Gestión.* Controla que la gestión de la producción es la correcta: que el equipo funciona bien y está completo, que las convocatorias se realizan adecuadamente, que los actores están en el rodaje a la hora que deben, que no hay problemas con las nóminas, etc.

Diseñar la explotación del producto

Desde el mismo inicio del estudio de la idea y del proyecto, el productor ya analiza las posibilidades comerciales del producto final y diseña mentalmente una estrategia de explotación.

Finalizada la película es hora de concretar esa estrategia de explotación y ejecutarla, bien directamente o a través de terceros, tales como distribuidores o agentes de ventas.

En conclusión, *el productor es la columna vertebral de la película,* quien tiene toda la información de la producción, conoce el proceso en su globalidad y toma las decisiones clave para que todo el engranaje funcione y el resultado final se ajuste a la calidad y presupuesto que había fijado.

2.2. DE LA IDEA AL GUIÓN

La semilla de cualquier proyecto audiovisual es el guión. Es muy conocida la frase de John Ford que dice que para hacer una buena película se necesitan tres cosas: un buen guión, un buen guión y un buen guión. Aunque nosotros creemos que para producir una buena película se necesita más que un buen guión, sí estamos totalmente convencidos de que sin un buen guión es imposible hacer una buena película. Ni unas magníficas interpretaciones de los actores, ni una estupenda realización, ni una buena dirección artística o de fotografía serán capaces de salvar una película si el guión no es bueno.

Nunca produciremos una buena película si no tenemos un buen guión.

El guión es el resultado de un proceso creativo que nace con una idea. ¿De dónde puede el guionista, o el productor, extraer estas ideas?

- *De la propia experiencia.* La vida real del guionista puede ser una fuente extraordinaria y abundante de ideas. Suele decirse que, en todo guión, hay algo personal del guionista, bien puede ser una característica física de alguno de los personajes, una anécdota, una manera de ser...

- *De la experiencia de los demás.* Si tuviéramos que definir al guionista en una sola palabra, sería ésta: observador. Esta cualidad le hace estar siempre atento a cuanto sucede a su alrededor, en busca de ideas que despierten su interés y curiosidad para desarrollarlas en un guión.

- *De los periódicos y telenoticias.* Un simple hecho o anécdota que pasaría desapercibida a cualquier lector o espectador, es la llama que puede encender la imaginación y creatividad del guionista.

- *De una novela, un cuento...* Aquí debemos diferenciar entre dos supuestos:

- Cuando lo que se extrae del libro es una simple idea o alguna característica de algún personaje que sirve de base al futuro guión pero en el guión no puede identificarse el libro. Es decir, se trata de dos obras totalmente independientes en sus tramas y personajes. En este caso, el libro ha servido de inspiración pero el guión que se ha escrito no se basa en el libro.

- Cuando el guión es una adaptación del libro. En este caso, el libro no solo sirve de inspiración sino que lo que el guionista hace es adaptarlo al formato audiovisual. Antes de iniciar la elaboración del guión, es muy importante asegurarse de haber obtenido los derechos de adaptación audiovisual del libro. Éste es un paso que no puede dejarse para más adelante, puesto que podría suceder que los derechos de adaptación audiovisual no estuvieran disponibles y todo el trabajo que, hasta ese momento, haya efectuado el guionista, resulte en balde. De ello hablaremos detenidamente más adelante.

— *De películas anteriores.* Este caso es similar al anterior. Si la película solo sirve de inspiración para el nuevo guión pero tiene una trama y unos personajes distintos a la película de referencia, el guionista podrá escribir libremente. Pero si la película anterior no solo sirve de inspiración sino que de ella se extraen tramas y personajes, entonces estamos ante un *remake* y será necesario adquirir los derechos pertinentes.

— *De una productora.* El guionista recibe el encargo de escribir un guión no habiendo sido él el autor de la idea original.

No hay que tomar la enumeración anterior como *numerus clausus,* porque una idea puede surgir de infinidad de hechos o personas y en cualquier momento y situación. Del talento y la habilidad del guionista dependerá detectarlas y desarrollarlas en un buen guión.

Las fuentes de inspiración del guionista son muchas y de cualquiera de ellas puede extraer la idea para un guión.

Hay dos cosas que un guionista no debe olvidar nunca:

1. *Antes de difundir su guión tiene que registrarlo a fin de protegerlo contra posibles plagios.* Esto, que parece obvio y de sentido común, se olvida muchas veces o no se le da toda la importancia que tiene pudiendo significar perder la autoría sobre un guión en el que se ha estado trabajando durante mucho tiempo.

Hay que ser prudentes y acudir al Registro de la Propiedad Intelectual. Este registro es un mecanismo administrativo para la protección de los derechos de propiedad intelectual de los autores y demás titulares de creaciones originales, sean de carácter literario, artístico o científico.

La inscripción es voluntaria y no constitutiva de derechos, sino simplemente declarativa. Esto significa que los derechos de propiedad intelectual se adquieren por la creación de la obra, no por la inscripción. Pero, a través de la formalidad de la inscripción, lo que se consigue es protegerlos frente a terceros. Esto es así porque la inscripción tiene efecto de prueba y se presume que los derechos inscritos existen y pertenecen a su titular.

El registro es único para todo el Estado español, pero tiene una estructura descentralizada a través de los registros territoriales.

Registrar un guión es muy sencillo. Solo es necesario llevar un ejemplar de la obra encuadernado, paginado y firmado en algunas de sus hojas; una fotocopia del DNI; rellenar una instancia que el propio Registro facilita, y pagar una tasa que ronda los cuatro euros. En el caso de querer registrar el guión a nombre de otra persona, será necesario también llevar una autorización con firma manuscrita a favor del presentador de la solicitud de inscripción y una fotocopia del DNI de la persona que autoriza.

Un guión sí puede registrarse, un tratamiento también, pero una idea no. Las ideas, según la legislación en propiedad intelectual, no son protegibles. Pero, aunque la idea no pueda registrarse, sí podemos registrar (y, por lo tanto, proteger) el desarrollo de la misma. Pongamos un ejemplo: el guionista A y el guionista B son dos amigos que quieren escribir un guión y un día, en casa de uno de ellos, empiezan a lanzar ideas para el desarrollo del futuro guión. Al cabo de unas horas ya saben cuál será el punto de partida, ya tienen la idea. La trama principal será la siguiente: un matrimonio, tras recibir una misteriosa carta donde les proporcionan el paradero de la hija que ellos creían desaparecida, inician un viaje lleno de peligros en búsqueda de esa hija perdida. El guionista A acude al registro con esta idea. El guionista B la ha desarrollado durante unos días y acude al registro con un desarrollo que puede tratarse simplemente de 2 ó 3 páginas en las que, a modo de sinopsis, cuenta la línea argumental del guión, las tramas principales y los personajes protagonistas. Pues bien, al guionista A le denegarán el registro, mientras que el guionista B podrá registrar sin problemas su obra quedando, a partir de ese momento, como el único autor de lo escrito porque, ¿cómo puede demostrar el guionista A que él también participó en la gestación de la idea?

El Registro de la Propiedad Intelectual dispone de una página web que es www.mcu.es/propint/index.html donde se puede encontrar cuanta información se necesite acerca del mismo y sus funciones.

2. El guionista tiene que tener presente que *no todo lo que a él le interesa tiene por qué interesarle a los demás.* Debe ser consciente de qué escribe y para quién. Antes de iniciar un trabajo que le llevará meses tiene que preguntarse: ¿estoy escribiendo para mí o para que, algún día, alguien vea una película basada en lo que ahora estoy escribiendo?, ¿quién es el destinatario final de mi guión? Si el guión lo escribe para él, puede hacerlo como quiera. Pero si lo está escribiendo para otros (probablemente para una productora que lo llevará a una televisión y del que se acabará haciendo una película) tiene que cumplir una serie de requisitos:

- *Facilitar la lectura.* Los guiones con faltas de ortografía, abundantes errores gramaticales o escritos a mano son de difícil lectura y, o interesan muchísimo o acaban no leyéndose.

- *Evitar las anotaciones que no sean propias del guionista.* Muchos guionistas noveles tienen la mala costumbre de indicar en el guión la música que debería sonar en la película, el color del vestido que debería llevar la protagonista o si la cámara hace un *travelling*, plano corto o medio. El guionista tiene que escribir el guión literario y nada más. Aunque pueda no gustarle, debe dejar que el resto del equipo haga su trabajo. Como el director de fotografía no le dirá dónde situar el primer punto de inflexión en la trama principal, el guionista no tiene por qué decirle al director de fotografía si la luz del plano tiene que ser cenital o no.

De todos modos, un guionista hábil e inteligente sabrá escribir de manera que oriente la realización de la película tal y como él la ha imaginado.

- *Captar la atención del lector en las primeras 15 páginas.* Si no lo consigue, es muy posible que, hacia la página 20 se abandone la lectura del guión. Tal vez, el guión empiece a ponerse interesante en la página 25, pero eso ya no importará porque se habrá dejado antes. Así que hay que despertar la curiosidad pronto y mantenerla viva durante todo el guión. Los directores de contenidos de las productoras o los responsables de desarrollo de las televisiones acostumbran a tener encima de sus mesas decenas de guiones para leer y, o conseguimos interesarlos pronto por el nuestro o pasarán rápido a otro.

- *Adjuntar una sinopsis y una descripción de personajes.* Estos documentos introducen el guión de manera que el lector sabe de qué trata lo que va a empezar a leer. El guionista conoce muy bien su historia y cuando lee su guión tiene todos los datos acerca de los personajes y la historia, pero eso no ocurre cuando alguien ajeno al guión lo lee. Por eso, mejor añadirle esta breve información introductoria como complemento.

- *Buscar el perfil de productora a la que pueda interesarle el guión que ha escrito.* Muy habitualmente, un guionista manda por e-mail su guión a decenas de productoras sin saber exactamente el tipo de producción en que está especializada esa empresa. Esto es una pérdida de tiempo para ambos. Así que, por ejemplo, no hay que molestarse en mandar un proyecto de tv movie a una productora que solo produce cortometrajes. Si lo que pretende el guionista es que se interesen por su guión, lo primero que debe hacer él es interesarse por la productora a la que acude para que lo produzcan.

- *Anotar en un lugar visible el nombre, teléfono e e-mail* de contacto del guionista. Si el guión interesa que sepan dónde localizar al autor.

Un guionista no debe olvidar:
1. registrar su guión y
2. pensar en quién va a leerlo.

Es difícil decir en cuánto tiempo el guionista puede recibir respuesta de la productora o televisión acerca de si su guión interesa o no. Pueden pasar semanas, e incluso, meses. Los guiones suelen leerse en el orden en que van llegando y no se podrá saber con exactitud cuántos guiones tienen que leerse antes de llegar al suyo. Lo que sí es recomendable es que el guionista averigüe el nombre de la persona que será la encargada de leer su guión y haga un seguimiento del mismo. Muchos guionistas dejan su guión en las productoras o televisiones y no llaman jamás. Otros, por el contrario, se interesan por saber si se ha leído ya o cuándo se les podrá decir alguna cosa. Muy probablemente, el guión de estos segundos se lea antes que el del guionista que no insiste. Por tanto, sin llegar a presionar en exceso, es aconsejable ir llamando.

Si no ha habido suerte y ninguna de las productoras o televisiones que el guionista ha considerado adecuadas para su proyecto responde positivamente, deberá plantearse qué es lo que ha fallado, qué es lo que puede no haber gustado de su guión y si vale la pena seguir con él, por duro que sea tener que abandonarlo. Si a la productora o televisión no le interesa, lo más probable es que conteste diciendo que agradecen el envío pero que ese proyecto no se adecua al perfil de proyectos que producen y que esperan colaborar contigo en otra ocasión. Difícilmente se obtendrá una respuesta más concreta de por qué el guión no les interesa.

Hay que tener presente una cosa: si se envía el guión y es rechazado, es muy difícil que vuelva a tomarse en consideración de cara a otras presentaciones. Por eso es muy recomendable mover el guión solo cuando estemos convencidos de tener la versión definitiva.

Seamos ahora positivos e imaginemos que ha habido suerte y que el guión interesa. El siguiente paso será llamar al guionista para proponerle probablemente una reunión. Esa reunión, dependiendo de la estructura de la productora, será con el director de contenidos o, directamente, con el productor. Sea con quien fuere, es muy importante ese primer contacto, puesto que de él la productora extraerá conclusiones acerca de si podrá trabajar con ese guionista. Las situaciones que se pueden dar son múltiples y, hasta llegar a la reunión, no se puede estar muy seguro de qué van a plantear. Podría ser que el guión les gustase pero que tuvieran un equipo de guionistas con los que trabajan habitualmente y que prefirieran comprar el guión para encargar a sus guionistas las modificaciones que consideren oportunas. Tal vez no les haya gustado el guión pero sí la manera de estructurarlo y la productora quiera proponerle al guionista escribir otra historia. Incluso podría ser que simplemente les hubieran gustado los diálogos y lo que propondrá al guionista es ser el dialoguista de otro proyecto. Habrá que esperar a la reunión para saber qué busca la productora de ese guionista y/o guión.

Supongamos que lo que le gusta es el guión y, además, quiere que sea el propio guionista el que trabaje en él, es decir, la productora está dispuesta a contratarlo. En este punto, la productora le hará llegar un borrador de contrato donde se harán constar las diferentes cláusulas que regularán la relación entre ambos, productora y guionista.

2.2.1. El contrato de guionista

Cada productora utiliza un modelo de contrato de guionista, aunque todos son bastante similares. Para tratar sobre los puntos más importantes y los más conflictivos en la negociación de este contrato utilizaremos el siguiente modelo básico:

CONTRATO DE GUIONISTA

En la ciudad de ...., a .... de .... de ....

REUNIDOS

De una parte
D. ...., quien actúa en nombre y representación de ...
...., Compañía con domicilio en la ciudad de .... (CP............),
calle .... nº ...., piso .... puerta ...... con CIF nº ...., en lo sucesivo la PRODUCTORA.

y de otra parte
D. ...., mayor de edad, con domicilio en ....
.... (C.P. ....), calle .... nº ...., piso .... puerta x y DNI.
nº .... de ahora en adelante, el AUTOR.

MANIFIESTAN

I.- Que la PRODUCTORA está interesada en que el AUTOR escriba un guión titulado provisionalmente "..", basado en una idea original propia del AUTOR y que servirá de base a un largometraje cinematográfico y/o televisivo.

II.- Que el AUTOR ha sido considerado por la PRODUCTORA la persona idónea para llevar a buen fin el desarrollo de los trabajos arriba citados, por lo que ambas partes, de común acuerdo y reconociéndose mutua y recíprocamente con capacidad legal suficiente para este acto, convienen en obligarse mediante el otorgamiento del presente contrato, el cual se regirá con arreglo a las siguientes

CLÁUSULAS

PRIMERA. La PRODUCTORA contrata los servicios del AUTOR para la confección del guión indicado anteriormente. El AUTOR acepta expresamente el citado encargo.

SEGUNDA. El presente contrato es de arrendamiento de servicios, consistente en la elaboración del guión indicado así como de cualquier otro material literario relacionado con el guión que la PRODUCTORA considerase necesario tales como sinopsis, descripción de personajes y memoria.

El AUTOR se compromete a entregar su trabajo en las fechas acordadas de mutuo acuerdo con la PRODUCTORA. En caso de incumplimiento por su parte y sin causa justificada, la PRODUCTORA podrá considerar rescindido el contrato sin perjuicio de la indemnización por daños y perjuicios que pudiera reclamar.

En este acto, el AUTOR se compromete a entregar un tratamiento así como descripción de personajes no más tarde del .... de .... de ....

Una vez el tratamiento fuera aprobado por la PRODUCTORA adquiriendo así la condición de definitivo, el AUTOR dispondrá de un máximo de .... meses para la entrega de la primera versión de guión.

TERCERA. El AUTOR cede en exclusiva a la PRODUCTORA los siguientes derechos:

a) De reproducción, entendiéndose por tal el de la fijación de la obra en un medio que permita su comunicación y la obtención de copias de toda o parte de ella.

b) De transformación, entendiéndose por tal el de encargar a uno o varios terceros la transferencia del guión literario a una obra audiovisual, así como introducir modificaciones en el mismo.

c) De distribución y exhibición pública y privada de la obra audiovisual resultante, en cualquier formato o medio.

d) De comunicación pública en cualquier medio o formato de la citada obra audiovisual, incluyendo en los mismos las salas cinematográficas, las televisiones de cualquier tipo, los videogramas y todos aquellos soportes susceptibles de servir para la comunicación de la obra.

e) De disposición al público.

El AUTOR se compromete a no obstaculizar, en ningún caso, los derechos que han sido cedidos a la PRODUCTORA.

CUARTA. El AUTOR recibirá como remuneración por su trabajo, de acuerdo con lo previsto en el artículo 46.1 de la Ley de Propiedad Intelectual, una participación de un .... % del cien por cien (100%) de la totalidad de los ingresos que genere la explotación de la obra en cualquier medio o formato.

A cuenta de esta participación, el AUTOR percibirá la cantidad de .... € (................ euros), que le será satisfecha de la siguiente manera:

a) (según la negociación con el guionista)
b)
c)

Este adelanto tiene el carácter de mínimo garantizado, de forma que en el caso de que los ingresos derivados de la explotación comercial de la obra audiovisual no alcanzasen la cantidad necesaria para la recuperación del anticipo entregado, no tendrá el AUTOR obligación de reintegro del exceso.

La remuneración pactada en esta cláusula comprende la totalidad de los derechos económicos que al AUTOR le corresponde por su trabajo y autoría, de acuerdo con las cesiones de derechos arriba expresadas.

QUINTA. El AUTOR autoriza expresamente a la PRODUCTORA a que disponga de aquellas secuencias, fragmentos e imágenes de la obra resultante que considere oportunas para ser utilizadas, bien aisladamente, bien para su incorporación en obras y grabaciones audiovisuales, incluso con fines publicitarios o de formación de antologías de cualquier tipo o clase.

SEXTA. La PRODUCTORA adquiere mediante el presente contrato los derechos del guión pudiendo realizar, en base a éste, una obra audiovisual. En ejercicio de este derecho, la PRODUCTORA podrá modificar el guión, por sí o por terceros, así como el título consignado en este contrato, el cual tiene carácter de provisional.

SÉPTIMA. El AUTOR responde frente a la PRODUCTORA de la autoría y originalidad de su obra y del ejercicio pacífico de los derechos que cede mediante el presente contrato, manifestando que no tiene contraídos ni contraerá compromisos o gravámenes de ninguna clase que atenten contra los derechos que le corresponden a la PRODUCTORA, de acuerdo con lo estipulado en el presente contrato.

OCTAVA. La validez de los derechos cedidos por el AUTOR para la explotación de la obra audiovisual será durante el máximo tiempo permitido por la Ley de Propiedad Intelectual.

NOVENA. La PRODUCTORA se reserva el derecho de ceder y el de transferir a terceros los derechos que por este contrato se le ceden, así como de realizar la obra audiovisual en coproducción con terceros, y solicitar y obtener la colaboración de estos terceros para confeccionar cuantas versiones se necesiten para la explotación de los derechos que le corresponden.

DÉCIMA. El AUTOR se compromete a participar en todos aquellos actos que le solicite la PRODUCTORA y que tengan como finalidad la promoción de la obra audiovisual.

Asimismo, y para la misma finalidad prevista en el párrafo anterior, el AUTOR autoriza a la PRODUCTORA el uso de su imagen, en concreto en relación a la aparición del AUTOR en actos públicos como ruedas de prensa, estrenos o preestrenos de la obra, entrevistas, promociones y making off, entre otros.

DECIMOPRIMERA. Ley fiscal. Las percepciones económicas que se deriven de este contrato para el AUTOR quedarán sometidas en materia fiscal a las normas que rigen en su lugar de domicilio.

DECIMOSEGUNDA. La PRODUCTORA se compromete a incluir en los títulos de crédito el nombre del AUTOR (puede concretarse el lugar, tamaño de letra.....................)

DECIMOTERCERA. El AUTOR se obliga a no comunicar a terceros información sobre el guión o cualquier otra circunstancia relacionada con los servicios que presta en LA PRODUCTORA sin expresa autorización escrita de ésta.

DECIMOCUARTA. Para la resolución de las divergencias que pudiesen surgir como consecuencia de la interpretación o cumplimiento de este acuerdo, las partes, en renuncia al fuero que pudiese corresponderles, se someten a la jurisdicción de los juzgados y tribunales legalmente establecidos en la ciudad de ....

Y en prueba de conformidad con todo lo que antecede, las partes lo suscriben por duplicado y a un solo efecto, en el lugar y fecha indicados en el encabezamiento.

Firma del AUTOR y la PRODUCTORA

Las cláusulas recogidas en este modelo de contrato son las que consideramos básicas. Pero pueden, y con frecuencia las hay, haber otras tales como las referidas a la explotación del guión en edición impresa, el *merchandising*, aportación insuficiente por parte del autor, secuela, o cualesquiera otras.

Es curioso ver cómo algunos guionistas inexpertos pueden llegar a ser bastante más vehementes en la negociación de su contrato que algunos profesionales consagrados. Muy probablemente sea la propia inexperiencia o el miedo a ser engañado lo que les motive a intransigir o ser inflexible en determinados aspectos. En cualquier caso, hay que saber en qué se puede ceder y en qué no y estar abiertos al diálogo en beneficio de ambos.

Las dos cláusulas en las que productora y guionista suelen confrontarse más a menudo son:

1. La *referida a los pagos*. El guionista siempre quiere cobrar más y lo más pronto posible. La productora siempre quiere pagar menos y cuanto más tarde, mejor. La pericia en la negociación y el peso de la productora suelen ser los factores que inclinarán la balanza a favor de uno u otro.

2. *Intervención de terceros*. El guionista, temiendo que la productora haga lo que quiera con su guión, no suele estar receptivo a la inclusión de terceros que puedan incorporarse a la escritura del guión. La productora, temiendo que el guionista no escriba la historia que necesita, tiene que asegurarse el poder contratar a un tercero que sí se la escriba. Es un tira y afloja difícil de resolver. A veces, la confianza mutua permite llegar a un punto medio. Otras veces, el contrato puede llegar a no firmarse.

Lo que no puede olvidar la productora es que el guionista ha escrito esa historia y querrá ser fiel a ella. Pero lo que tampoco puede olvidar el guionista es que la productora, para conseguir hacer la película necesita obtener financiación y, en su búsqueda, contactará con televisiones y coproductores —entre otros— que querrán dar su opinión sobre el guión. Y esas opiniones, irremediablemente, conllevarán cambios en el guión. Pongamos un ejemplo: imaginemos que una productora española ha conseguido interesar a una extranjera sobre el proyecto y que quiere coproducir la película. Obviamente, les mandaremos el guión. Pero resulta que cuando lo leen, aunque nos dicen que la historia les encanta, tienen algunas observaciones que hacer respecto al guión: puede que insignificantes, puede que más importantes. Si la productora española no tuviese la potestad de introducir esos cambios, podría perder a ese coproductor (y, en realidad, a cualquier otro) y, con él, parte de la financiación de la película.

Una posible solución para resolver este conflicto de intereses entre productora y guionista sería, de un lado, que el guionista aceptase que se pudiera modificar el guión pero, de otro lado, que la productora se comprometiese a que antes de mediar la intervención de un tercero, se le dará al guionista la prioridad para realizar esos cambios.

2.2.2. La adaptación de una novela

Supongamos que el guionista no parte de una idea original propia, sino de una novela anterior sobre la que quiere escribir su guion. Esto significa que, antes de iniciar la escritura, debería asegurarse de que los derechos de adaptación audiovisual de esa novela están libres y, por tanto, lo conveniente sería adquirir, o bien los derechos de adaptación audiovisual en sí, o bien, una opción sobre los mismos por un tiempo determinado. La razón de este requisito previo de adquisición o reserva es muy sencilla y se verá claro en el siguiente supuesto hipotético: el guionista termina el guion basado en la novela sobre la que no ostenta ningún tipo de derecho y lo da a leer a una productora. Si a la productora no le interesa no pasa nada. Pero, ¿y si le interesa? Pueden suceder dos cosas:

- Que sea ella la que haga la gestión de averiguar si los derechos de adaptación audiovisual de la novela están libres y se encuentre con que no lo están. En este caso, el guionista habrá perdido el tiempo porque no podrá vender su guion ya que ninguna productora comprará un guion del que no puede hacer una película. Siempre queda abierta la posibilidad de averiguar quién tiene estos derechos y presentarle el guion. Tal vez haya suerte. Pero es mejor planear las cosas y no dejarlas totalmente al azar.

- Que la productora sí pueda adquirir esos derechos de adaptación audiovisual porque están libres y así lo haga. Entonces, ¿en qué posición queda el guionista? Pues dependerá de la productora. Tal vez le interese ese guionista y la adaptación que ha hecho y lo contrate. O, tal vez no y prescinda totalmente de él y de su guion para hacer otro ya que ahora es la productora la que ostenta los derechos de adaptación audiovisual.

Depende del guionista, de lo que le interese esa historia y del potencial que le vea, el arriesgarse o no a adquirir o reservar los derechos. La práctica habitual en España es que los derechos de adaptación audiovisual los adquieran las productoras y no los particulares pero siempre puede haber excepciones a esta regla. Nada lo impide. Pero, evidentemente, se corre un riesgo: si el guionista consigue vender la historia recuperará el dinero invertido en esa compra de derechos pero, si no la vende habrá perdido el importe que haya abonado.

Lo conveniente es proceder, primero, a una reserva de derechos durante 1 ó 2 años y, posteriormente, y solo si el proyecto demuestra ser viable, efectuar la adquisición de los derechos propiamente dicha.

El precio, tanto de la reserva como de la adquisición, puede variar en función de multitud de factores. Principalmente intervienen en su fijación:

1. *El autor.* No es lo mismo un autor conocido y de renombre internacional que un autor más localista o desconocido. Por supuesto, en el primer caso, la reserva o adquisición resultará más cara.
2. *El título de la obra.* Si ésta ha cosechado un gran éxito, ha habido varias ediciones, ha obtenido premios, se ha traducido a muchos idiomas y distribuido a muchos países, la opción y adquisición de derechos será más cara que si el título hubiera resultado más discreto.
3. *La editorial.* Normalmente, las editoriales con más peso en la industria del libro, imponen condiciones más rígidas que las editoriales más pequeñas o no tan acostumbradas a esta práctica.
4. *La productora.* Una productora con experiencia, con más proyectos a sus espaldas, da más fiabilidad a las editoriales.
5. *Las condiciones de la producción.* En este apartado influirían aspectos tales como quién será el director de la película, qué presupuesto tendrá, quiénes serán los intérpretes... La editorial pensará en el beneficio que puede obtener con la reedición de la novela en cuestión o con otros títulos del mismo autor.

Para negociar, tanto el precio como otras cuestiones, hay que dirigirse al titular de los derechos de adaptación audiovisual. Como ya hemos avanzado, estos derechos suelen estar cedidos por el autor a la editorial. Pero no siempre es así y, podría ocurrir que, en lugar de tratar con la editorial, tuviéramos que dirigirnos al propio autor.

En cualquier caso, el primer paso es iniciar la búsqueda del titular de esos derechos. Una herramienta muy útil es acceder a la página web del Ministerio de Cultura www.mcu.es/libro y, una vez dentro, dirigirse a la base de datos y cliquear sobre el apartado ISBN. Ya dentro, vamos al apartado de Libros Españoles en Venta y escribimos el título. Inmediatamente, saldrán en pantalla los datos de la editorial, dirección y, lo más importante, su número de teléfono. A partir de aquí, habrá que llamar y, si hay suerte, ya habremos dado con el titular. En caso contrario, habrá que continuar con las pesquisas.

2.2.3. El contrato de opción

Habitualmente, cuando el productor está en conversaciones con el autor o el agente, el proyecto sobre el que quiere hacer la adaptación se encuentra en la primera fase del proceso de producción de la obra audiovisual: el desarrollo. Y ya sabemos que no todos los proyectos que se desarrollan llegan a la fase de preproducción. Muchos de ellos, en el transcurso del desarrollo, demuestran ser proyectos no viables y se abandonan, habiendo generado gastos que no se recuperarán. Y es por ello por lo que no conviene incurrir en gastos innecesarios en la fase de desarrollo. Esto nos lleva a concluir que al productor lo que más le interesa, en un primer momento, es negociar un contrato de opción de los derechos de adaptación audiovisual. La razón es principalmente económica: no conocemos cuál será el destino final del proyecto, por lo tanto, invirtamos en él solo lo imprescindible. Y es más económica la adquisición de una opción sobre los derechos de adaptación audiovisual que no la adquisición propiamente dicha de estos derechos.

El contrato de opción supone la reserva de los derechos de adaptación audiovisual a favor del adquirente durante el tiempo y según las condiciones pactadas. Teniendo en cuenta que lo ideal sería que, durante ese tiempo de opción, el productor encargase a un guionista la adaptación de la obra y, con ella, elaborase un diseño de producción y se asegurase de la viabilidad económico-financiera del proyecto, puede decirse que lo más prudente sería acordar un tiempo de opción no inferior a dos años.

Utilicemos un modelo básico de contrato de opción de derechos de adaptación audiovisual para, después, referirnos a sus cláusulas esenciales.

CONTRATO DE OPCIÓN

En la ciudad de ...., a .... de .... de ....

REUNIDOS

De una parte, D. ...., mayor de edad, con domicilio en ...., con DNI ...., en nombre y representación de la compañía ...., domiciliada en ...., calle ...., inscrita en el Registro Mercantil de ...., tomo ...., folio ...., hoja ...., inscripción .... (en lo sucesivo el CEDENTE)

Y de otra parte, D.., mayor de edad, con domicilio en ...., con D.N.I. ...., en nombre y representación de la compañía ...., domiciliada en calle ...., inscrita en el Registro Mercantil de ...., tomo ...., folio ...., hoja ...., inscripción ...., con nº de CIF .... (en lo sucesivo el CESIONARIO).

MANIFIESTAN

I. Que el CEDENTE ostenta la condición de agente respecto al derecho de adaptación audiovisual de la obra titulada ....de la que es autor ...., hallándose legitimado para otorgar el presente contrato en virtud del contrato firmado con el titular de los derechos de autor de la citada obra por medio del cual adquirió la calidad de agente, recibiendo el encargo de promocionar, negociar y gestionar los derechos de adaptación de la citada obra a medios audiovisuales.

II. Que en el marco de las actividades desarrolladas por el CESIONARIO, éste se halla interesado en adquirir un derecho de opción para realizar la adaptación audiovisual de la citada obra.

III. Que, en méritos de todo lo anterior, ambas partes, reconociéndose la capacidad legal suficiente, convienen suscribir el presente contrato de opción, que se regirá por los siguientes

> **PACTOS**
>
> **PRIMERO.** El CEDENTE concede en favor del CESIONARIO un derecho de opción para la adaptación audiovisual de la obra.
> El derecho de opción objeto del presente contrato se realiza exclusivamente para la adaptación audiovisual de la obra, por lo que el autor de la misma, y en su nombre el CEDENTE, conservan el derecho a otorgar cuantos otros contratos estimen oportunos respecto a cualesquiera otras modalidades de explotación.
> **SEGUNDO.** El precio por esta opción es de .... € (............. euros). Esta cantidad se entenderá como importe librado a cuenta por la cesión de los derechos objeto del presente contrato en el supuesto de ejercitarse la opción.
> Si la PRODUCTORA, llegado el vencimiento, optase por ejercitar la compra de los derechos de adaptación de la obra, deberá pagar la cantidad de .... € (.............. euros). La cesión de los derechos se otorgará mediante la firma de un contrato idéntico al modelo que como anexo se acompaña al presente contrato.
> **TERCERO.** El plazo para el ejercicio de la opción es de .... (........................) meses a contar desde la fecha de la firma de este contrato.
> Transcurrido este plazo, si el CESIONARIO no ejercita la opción, el CEDENTE quedará libre de las obligaciones que contrae por medio de este contrato, pudiendo disponer del derecho de adaptación audiovisual de la obra aquí reservado.
> **CUARTO.** El presente contrato no puede ser cedido sin el acuerdo previo de las dos partes por escrito.
> Sin perjuicio de lo anterior y, durante el periodo de opción, el CESIONARIO podrá negociar con terceros los oportunos contratos en relación a la producción audiovisual basada en la obra.
> **QUINTO.** Este contrato se extinguirá antes de la finalización del plazo previsto:
> 1. Por mutuo acuerdo de las partes.
> 2. Por resolución unilateral de cualquiera de las partes cuando la otra parte hubiera incumplido total o parcialmente las obligaciones establecidas por este contrato o por la Ley, sin perjuicio de las indemnizaciones que la parte que hubiera cumplido pudiera pedir a la parte incumplidora.
>
> **SEXTO.** Todas las comunicaciones y/o notificaciones que puedan efectuarse en relación a este contrato deberán realizarse por escrito en los domicilios indicados en el encabezamiento.
> Cualquier cambio de domicilio a efectos de notificaciones deberá ser comunicado a la otra parte con la suficiente antelación.
> **SÉPTIMO.** Para cualquier divergencia o discrepancia que pudiera surgir en la interpretación o cumplimiento del presente contrato, o de alguna o de todas sus condiciones y de las relaciones por él reguladas, las partes se someten de forma expresa a la Jurisdicción de los Jueces y Tribunales de .... con renuncia expresa a cualquier otro fuero que pudiera corresponderles.
> Y en prueba de conformidad, las partes firman el presente contrato por duplicado ejemplar y a un solo efecto, en la ciudad y fecha indicadas en el encabezamiento.
>
> **Firma del CEDENTE y del CESIONARIO**

Efectuada la lectura atenta de este contrato, hay que hacer especial hincapié en las siguientes cláusulas esenciales:

1. El *cedente* (sea el autor, agente o cualquier otro) *garantiza que ostenta los derechos de adaptación* audiovisual de la obra objeto del contrato. Para mayor tranquilidad del productor, debería incluirse, como anexo, el

contrato por el cual quien dice ostentar los derechos demuestra tenerlos realmente.

2. *Definición del objeto del contrato:* qué derechos se reserva el productor y sobre qué obra. Especificar el título de la obra. Hay aquí un matiz sobre el que es importante incidir. En ocasiones, los autores o agentes se refieren solo a la adaptación cinematográfica, mientras que lo que el productor debe asegurarse es la reserva de la opción para la adaptación audiovisual, es decir, que incluya tanto la adaptación cinematográfica como televisiva o para cualquier otro formato. Esto es relevante porque, en caso de no ser así, el productor podría encontrarse con que mientras él ha estado desarrollando el proyecto dirigido, por ejemplo, a las salas, otra productora ha hecho la adaptación para televisión. Y eso supondría un grave perjuicio para el que se ha reservado los derechos de adaptación cinematográfica, tanto que probablemente implicaría el abandono del proyecto. Y no solo eso, sino que también hay que pensar en que, dado el largo periodo de desarrollo de un proyecto audiovisual y la cantidad de factores que influyen en él, lo que en un inicio se concibió como proyecto cinematográfico acabe convirtiéndose, por ejemplo, en una película para televisión o viceversa.

3. Tan importante como el punto anterior es que el productor firme una *opción en exclusiva,* es decir, solo él debe tener reservados los derechos. Si no fuera así, la competencia sería posiblemente el motivo que arruinaría el proyecto.

4. *Tiempo y territorio de la opción.* Como ya hemos comentado, teniendo en cuenta el funcionamiento del sector audiovisual, una opción inferior a 24 meses no sería muy práctica. En cuanto al territorio, es conveniente reservarse todo el mundo.

5. *Determinar el precio por esa opción.* La pericia, habilidad, experiencia tanto del productor como del agente, así como todas los factores a los que nos hemos referido antes, serán claves a la hora de establecer un precio.

Además de estas cláusulas, pueden pactarse cualesquiera otras que acuerden las partes referentes, por ejemplo, a la posibilidad de ceder a un tercero la opción que se contrata o determinar las causas de extinción del contrato (normalmente el incumplimiento por alguna de las partes de sus obligaciones).

Al firmar un contrato de opción es conveniente asegurarse de que sea en exclusiva, para todo el mundo y por un periodo que garantice el completo desarrollo de la obra.

2.2.4. El contrato de adaptación audiovisual

El contrato de opción lleva habitualmente en anexo el contrato de adaptación propiamente dicho. Y es conveniente que así ocurra porque el hecho de anexar dicho contrato de adaptación al contrato de opción y que las partes se comprometan a firmar ese clausulado, proporciona seguridad. Imaginemos un hipotético caso en el que el productor solo hubiera negociado un contrato de opción sin negociar, en el mismo momento, las condiciones del futuro contrato de adaptación. Podría ocurrir perfectamente que, una vez decidiera ejercitar la opción, no llegase a un acuerdo con el autor o el agente y, aunque ha tenido una opción sobre esos derechos de adaptación, finalmente no llega a adquirirlos porque no alcanza ese acuerdo, bien sea sobre el precio o sobre cualquier otro aspecto. Esto implicaría haber perdido tiempo y dinero.

El contrato de adaptación tiene por objeto la cesión de todos aquellos derechos necesarios para adaptar la novela al medio audiovisual, así como para explotar la obra resultante. En el establecimiento de los concretos pactos que integran el contrato, no debemos olvidar que existen dos partes negociadoras que tienen intereses diversos: de un lado, está el cedente que querrá mantener, en la medida de lo posible, la integridad de la obra. Y por otro lado, está el cesionario, que lo que querrá es disponer de la más amplia libertad a la hora de llevar a cabo la adaptación. La mutua confianza o la falta de ella condicionarán algunos de los pactos del contrato. Por ejemplo, es posible que el cedente exija que en el contrato de adaptación conste quién será el guionista de la adaptación o el director de la misma, la duración de la obra audiovisual así como que el autor de la novela tenga voz y voto en las decisiones artísticas referentes a dicha adaptación. Y es en este punto donde nos tropezamos con el derecho moral que le corresponde al novelista. En caso de estar vivo, el autor de la novela puede querer opinar sobre la adaptación que se está llevando a cabo de su obra. Esta acción puede ser considerada por el productor como una "intromisión" a su derecho de adaptación. Es cierto que, a veces, la labor del autor en la adaptación de su novela puede ser positiva pero también lo es que, en otras ocasiones, entorpece el trabajo del guionista intentando mantener la fidelidad de la novela. El aceptar o no las opiniones del autor de la novela y el considerarlas vinculantes o no es uno de los puntos más conflictivos en los contratos de adaptación, un tira y afloja sobre el que no siempre es fácil llegar a un acuerdo.

Pero, si bien el novelista pierde parte de sus derechos patrimoniales sobre la novela cuando cede el derecho de adaptación de la misma, por el contrario, no pierde sus derechos morales que, según el artículo 14 de la actual Ley de Propiedad Intelectual (LPI), son inalienables e irrenunciables. Una de las manifestaciones más relevantes del derecho moral del autor en una adaptación es la de exigir que, en los títulos de crédito de la obra audiovisual y en toda la publicidad de la misma, se haga constar expresamente que el guión de esa película está basado en la obra del autor y se mencione el título y el nombre de ese autor. Pero, del mismo modo, el autor tiene el derecho moral, si no está satisfecho con la adaptación que se ha hecho de su novela, a prohibir hacer mención de su nombre ni su obra en los títulos de crédito de la película y cualquier publicidad de la misma.

El hecho de que el autor pudiera negarse a figurar en los títulos de crédito y publicidad podría suponer un perjuicio al productor en el caso de que fueran notorios puesto que esos nombres tienen un valor añadido de publicidad y calidad para la película.

Por todo ello, y mediante el contrato, debe llegarse a un acuerdo que, sin vulnerar el derecho moral del autor, deje indemne al productor de posibles litigios producidos por un desacuerdo en la adaptación realizada.

En relación a esta colisión de derechos de transformación e integridad, resulta interesante la lectura de la Sentencia del Juzgado de Primera Instancia nº 38 de Madrid de 8 de julio de 1998, en la que el juez se posicionó a favor del novelista Javier Marías, condenando a la Productora Elías Querejeta PC, SL porque no respetó el espíritu de la novela y, por ello, incumplió el contrato. Esta sentencia fue confirmada por la Sección 21 bis de la Audiencia Provincial de Madrid el 5 de julio de 2002 desestimando, de este modo, el recurso de apelación presentado por la productora.

Es de suma importancia que en el contrato de adaptación quede claro qué intervención tendrá el autor de la novela en la obra audiovisual.

Antes de seguir analizando el clausulado de este tipo de contratos, pongamos como ejemplo un modelo básico de este tipo de contrato que nos permitirá analizarlo mejor:

En la ciudad de ...., a .... de .... de ....

REUNIDOS

De una parte, D. ...., mayor de edad, vecino de ...., con D.N.I. ...., en nombre y representación de la compañía .... domiciliada en .... calle ...., inscrita en el Registro Mercantil de................, tomo ...., folio .... inscripción ...., con nº de CIF .... (en lo sucesivo el CEDENTE).
De otra parte, D. ...., mayor de edad, vecino de ...., con D.N.I. ...., en nombre y representación de la compañía .... domiciliada en .... calle ...., inscrita en el Registro Mercantil de ...., tomo ...., folio ...., hoja ...., inscripción ...., con nº de CIF .... (en lo sucesivo el CESIONARIO).

MANIFIESTAN

I.- Que en el marco de las actividades desarrolladas por el CESIONARIO, éste se halla interesado en obtener del CEDENTE los derechos para la adaptación audiovisual de la novela titulada .... del autor ...., en las condiciones que en este contrato se establecerán.

II.- Que el CEDENTE se halla legitimado para otorgar el presente en virtud del contrato firmado en su día con el autor de la citada obra por medio del cual adquirió la calidad de agente (contrato que se adjunta como anexo nº 1).

III.- Que, en méritos de todo lo anterior, ambas partes, reconociéndose la capacidad legal suficiente, celebran el presente contrato de acuerdo con los siguientes

PACTOS

PRIMERO. El objeto de este contrato es la regulación de las condiciones relativas a la cesión por parte del CEDENTE al CESIONARIO de los derechos de adaptación audiovisual de la novela y posterior explotación de la OBRA AUDIOVISUAL resultante (en adelante la OBRA).

En desarrollo del objeto del presente contrato, el CEDENTE cede al CESIONARIO el derecho de adaptación audiovisual de la novela, con carácter exclusivo, para todos los países del mundo por un período de .... (........) años contados a partir de la fecha del presente contrato, transcurrido el cual caducará y se extinguirá automáticamente la exclusiva, aunque el CESIONARIO podrá continuar la explotación económica de la OBRA a perpetuidad.

SEGUNDO. El CEDENTE cede al CESIONARIO los siguientes derechos: derecho de transformación, derecho de reproducción, derecho de distribución, derecho de comunicación pública, derecho de doblaje y subtitulado y derecho de disposición al público.

TERCERO. El CEDENTE otorga su consentimiento a fin de que el CESIONARIO conceda a terceros las autorizaciones o licencias que estime pertinentes respecto a cualesquiera de los derechos de explotación y/o modalidades de explotación, que pueda llevar a término el CESIONARIO conforme al presente documento.

CUARTO. La cesión de derechos se efectúa sin perjuicio de los derechos morales del autor de la novela sobre ésta, en consecuencia, el CESIONARIO se compromete a respetar los derechos morales del autor y a poner en conocimiento de éste cualquier infracción de los mismos que pudiera ser realizada por terceros.

QUINTO. En concepto de contraprestación por la cesión de los derechos para la adaptación audiovisual de la novela de conformidad con lo dispuesto en el presente contrato, el CESIONARIO abonará al CEDENTE la cantidad de .... € (................. euros), que se pagarán de la siguiente manera:
a) (según lo que se haya negociado)
b)
El CEDENTE reconoce que ha recibido del CESIONARIO la cantidad de .... € (........... euros) en concepto de opción, de conformidad con el contrato de opción firmado entre las partes con fecha .... de .... de ....

Todas las percepciones que, como consecuencia del presente contrato, reciba el CEDENTE estarán sujetas a la normativa fiscal aplicable en España.

Antes de proceder a cualquiera de los pagos previstos en este pacto, el CEDENTE deberá hacer llegar al CESIONARIO, con una antelación mínima de .... días a la fecha prevista para el pago (según lo que convenga), la factura correspondiente.

SEXTO. En el rulo final de la OBRA y en todo el material gráfico, figurará la siguiente mención: "Basada en la novela .... de .... Editada por ...."

> Sin perjuicio de lo anterior, el CEDENTE, una vez visionada la versión definitiva de la OBRA, tendrá el derecho a determinar si la mención contenida en el párrafo anterior deberá aparecer, o no, en la publicidad y/o créditos de la OBRA.
> **SÉPTIMO.** El CESIONARIO, para la realización de la OBRA, podrá efectuar aquellas modificaciones, supresiones, sustituciones y, en general, variaciones que estime necesarias para la adaptación al medio escogido, todo ello sin perjuicio de lo previsto en el pacto cuarto.
> **OCTAVO.** El CEDENTE responde ante el CESIONARIO de la titularidad de los derechos de explotación que transmite, sobre la OBRA y del ejercicio pacífico de los derechos que cede, manifestando que sobre los mismos no tiene contraído ni contraerá compromisos o gravámenes de ninguna especie que atenten contra los derechos que al CESIONARIO o a terceros correspondan, de acuerdo con lo estipulado en el presente Contrato.
> **NOVENO.** Todas las comunicaciones y/o notificaciones que puedan efectuarse en relación a este contrato deberán realizarse por escrito.
> Cualquier cambio de domicilio a efectos de notificaciones deberá ser comunicado a la otra parte por escrito con la suficiente antelación.
> **DÉCIMO.** El incumplimiento de cualquiera de las obligaciones por cualquiera de las partes podrá dar lugar a la resolución del contrato, sin perjuicio de la reclamación que por daños y perjuicios pueda corresponder.
> **UNDÉCIMO.** El presente contrato se regirá y será interpretado conforme a lo previsto en la vigente normativa española sobre Propiedad Intelectual y, en general, por las disposiciones legales que le sean de aplicación.
> **DUODÉCIMO.** Para cualquier divergencia o discrepancia que pudiera surgir en la interpretación o cumplimiento del presente contrato, o de alguna o de todas sus condiciones y de las relaciones por él reguladas, las partes se someten de forma expresa a la Jurisdicción de los Jueces y Tribunales de .... con renuncia expresa a cualquier otro fuero que pudiera corresponderles.
> Y en prueba de conformidad, las partes firman el presente contrato por duplicado ejemplar y a un solo efecto, en la ciudad y fecha indicadas en el encabezamiento.
>
> **Firma del CEDENTE y del CESIONARIO**

Uno de los puntos esenciales en el contrato de adaptación es el referente a los derechos que se ceden. El productor debe asegurarse de que le han sido cedidos los siguientes derechos:

1. *Derecho de transformación.* Con la cesión de este derecho, el cesionario queda autorizado para llevar a cabo —por sí mismo o mediante encargo a un tercero— la adaptación audiovisual de la novela para la creación de un guión de producción audiovisual.

2. *Derechos de explotación sobre la producción audiovisual.* En este apartado deben incluirse los derechos de reproducción, distribución, comunicación pública y puesta a disposición del público de la obra audiovisual resultante de la adaptación.

3. *Derecho de subtitulado y doblaje* de la producción audiovisual.

La cesión de los anteriores derechos es imprescindible tanto para adaptar la novela como para explotar la obra resultante en todas las ventanas posibles: salas de cine, televisiones, vídeo o DVD (en venta o alquiler), Internet... Cuestión aparte es si esta explotación la lleva a cabo el productor directamente o mediante un tercero, sea éste un distribuidor o agente de ventas. Aunque lo más probable es que parte de los derechos de explotación de la película ya los haya cedido para financiar la misma (tales como determinados derechos de antena a las televisiones o un tanto por ciento a un coproductor).

Otros aspectos importantes que deben quedar claramente especificados en el contrato de adaptación son:

4. *Duración del derecho de adaptación.* Como mucho, por exigencias de la LPI, podrá ser de 15 años.

5. *Cesión en exclusiva.* Para evitar competencias.

6. *Ámbito geográfico.* Al producir una película, la intención es llegar a explotarla en todo el mundo, con lo cual, lo habitual es que el productor se reserve todo el mundo para poder explotar la obra resultante de la adaptación.

7. *Contraprestación.* Así como en el contrato de opción suele pactarse una cantidad fija, en el contrato de adaptación pueden acordarse dos importes: uno fijo y otro variable en función del presupuesto de la futura película o de los beneficios que pueda generar. De esta manera intenta mantenerse un cierto equilibrio entre lo que se ha pagado por la adaptación y lo que se ha conseguido sacar de ella (sin duda no podemos dejar de pensar en el artículo 47 de la LPI sobre la acción de revisión del precio).

8. *Garantías.* El cedente garantiza al cesionario el ejercicio pacífico de los derechos que cede.

Además de los anteriores acuerdos, se suele pactar también —al igual que sucedía con el contrato de opción— aspectos tales como causas de extinción del contrato, posibilidad de cesión de los derechos por parte del cesionario a un tercero o medios de resolución de conflicto en caso de divergencias en la interpretación del contrato.

En el contrato de adaptación debemos dejar fijadas ciertas cláusulas que nos ofrecen garantías a la hora de explotar la obra audiovisual.

2.3. LA FINANCIACIÓN

La búsqueda de la financiación es uno de los aspectos claves de la producción. Es evidente que sin dinero no hay película. Pero, ¿de dónde obtienen los productores españoles las aportaciones económicas que destinan a sus proyectos?

Existen dos pilares fundamentales: las subvenciones y las preventas a los canales de televisión.

Antes de abordar en profundidad el tema de las subvenciones (concretamente aquellas de nivel estatal), creemos necesario dar algunas pinceladas sobre un par de temas:

1. **Qué es y qué cometidos cumple el Instituto de la Cinematografía y de las Artes Audiovisuales (ICAA)**

Éste es un organismo autónomo pero dependiente del Ministerio de Cultura y sus funciones se centran en los siguientes tres aspectos:

1. *Fomento de la industria audiovisual española* en todos los sectores: producción, distribución y exhibición.

2. *Promoción de nuestra cinematografía,* tanto nacional como internacional, favoreciendo su participación en festivales y distintos eventos.

3. *Conservación del patrimonio cinematográfico,* a través de la Filmoteca Española.

En su función de fomento del cine español, a través de las distintas ayudas y subvenciones, es dotado por el Ejecutivo de lo que se llama el Fondo de Protección a la Cinematografía. El incremento de este Fondo es una de las demandas más reiteradas y constantes de los productores españoles. En 2007 la dotación del Fondo fue de 66.243.000 de euros.

La Ley 55/2007, de 28 de diciembre del Cine, establece en su Disposición Adicional Primera que el Gobierno transformará el ICAA en Agencia Estatal de la Cinematografía y de las Artes Audiovisuales. Sus funciones y estructura orgánica las determinará el Estatuto por el que se rija y la normativa que regula las Agencias Estatales.

2. **¿Por qué existen las subvenciones?**

Leyendo el Preámbulo de la Ley 55/2007 del Cine podemos extraer las razones:

- La actividad cinematográfica y audiovisual (por tanto, incluida la producción) es considerada un sector estratégico en la cultura y economía españolas.

- Es un elemento básico de la entidad cultural al tratarse de una manifestación artística y expresión creativa.
- Contribuye al avance tecnológico, desarrollo económico y creación de empleo.
- Ayuda a mantener la diversidad cultural.

Por todo ello, el Ejecutivo fomenta y promociona a través de las medidas necesarias la actividad cinematográfica y audiovisual así como establece sistemas para conservar el patrimonio cinematográfico y difundirlo dentro y fuera de las fronteras de España.

2.3.1. Las subvenciones

Hechos estos dos apuntes previos, vamos ahora a diseccionar los requisitos, características y cuantías de las principales subvenciones. Para su correcto estudio es necesario acudir a dos cuerpos legales fundamentales: la Ley 55/2007, de 28 de diciembre, del Cine así como al Real Decreto 2062/2008, de 12 de diciembre, que la desarrolla. También es imprescindible acudir a las distintas Resoluciones que, anualmente, abren las convocatorias para optar a las subvenciones.

Nótese que en este análisis hacemos referencia al Real Decreto 526/2002, de 14 de junio por el que se regulan medidas de fomento y promoción de la cinematografía y la realización de películas en coproducción, pero éste ya ha sido derogado por otro Real Decreto que desarrolla la Ley 55/2007 y que fue aprobado por el Consejo se Ministros en fecha 12 de diciembre de 2008. Sin embargo, debemos referirnos al Real Decreto 526/2002 porque éste es el que mencionan las convocatorias en curso del año 2008 que son las que tratamos a continuación puesto que el Real Decreto que desarrolla la Ley 55/2007 fue aprobado con posterioridad a la publicación de dichas convocatorias.

Para el año 2008, las principales subvenciones convocadas por el ICAA con el objetivo de ayudar a la financiación de los proyectos de los productores españoles fueron las siguientes:

A) Ayudas sobre proyecto para la realización de largometrajes que incorporen nuevos realizadores, para la realización de obras experimentales de decidido contenido artístico y cultural, de documentales y pilotos de series de animación

Los primeros párrafos de la Resolución del ICAA que convoca estas ayudas, hacen referencia expresa al artículo 11 del Real Decreto 526/2002, de 14 de junio, así como a la Orden CUL/3928/2006, de 14 de diciembre que establece las normas, requisitos y procedimientos para solicitar este tipo de ayudas. Puede comprobarse, pues, la interrelación que existe entre los diferentes textos legales y que deberemos llevar a cabo a la hora de preparar nuestra solicitud de subvención.

Del importe destinado a estas ayudas, una parte se distribuirá entre aquellos proyectos que incorporen nuevos realizadores.

Como nuevo realizador es considerado aquél que haya dirigido menos de tres largometrajes calificados para su exhibición en salas públicas. Por tanto, lo que determina la condición de alguien como nuevo realizador —o no— es la calificación de sus anteriores filmes. Esto significa que un director que haya dirigido decenas de películas para televisión (que no son calificadas para la exhibición en salas públicas) es, sin embargo, considerado un nuevo realizador a los efectos de esta subvención.

También se incluyen en esta subvención aquellos proyectos que, debido a sus especiales características o eminente carácter cultural, son considerados difíciles de financiar.

Asimismo, se reserva una parte de la dotación presupuestaria para proyectos de documentales, obras de carácter experimental y para pilotos de series de animación.

La cuantía de la ayuda concedida tiene unos límites: no podrá superar la inversión del productor, el 60% del presupuesto del proyecto ni la cantidad de 500.000 euros por película beneficiaria.

Para optar a esta ayuda es obligatorio presentar una solicitud en el modelo oficial más una serie de documentación que servirá, de un lado, para que la comisión designada al efecto valore el proyecto y, por otro lado, para acreditar la solvencia y eficacia suficientes de la productora para llevar a buen fin la realización del proyecto. Esta documentación incluye, tanto información sobre la futura película que queremos realizar (memoria, sinopsis, guión, presupuesto, plan de trabajo y plan de financiación, entre otros) como sobre la empresa productora (declaración de ser productora independiente, producciones realizadas y plan de producción futuro).

Se trata de una subvención que funciona bajo el régimen de concurrencia competitiva, es decir, todos los proyectos presentados compiten entre sí y solo unos cuantos (los que propone una comisión evaluadora y confirma el Director General del ICAA) obtienen la ayuda.

Si la productora es beneficiaria de esta subvención, lo primero que debe hacer es aceptarla en el plazo de un mes desde que se le comunique la concesión y, dos meses después de esta aceptación, deberá presentar la documentación relativa al proyecto definitivo.

El pago se hará efectivo a partir de la resolución definitiva de la concesión (efectiva una vez acreditado el inicio de rodaje) y previo cumplimiento de los requisitos generales del artículo 8 del RD 526/2002, 14 junio así como acreditar estar al corriente de pago en la Seguridad Social y Hacienda.

Si la productora acepta esta subvención, se verá obligada a cumplir con los siguientes plazos:

- Iniciar el rodaje antes de los tres meses siguientes a la fecha de recepción de la resolución definitiva de concesión.

- Comunicar al ICAA la fecha de inicio y finalización de rodaje en un plazo no inferior a los 15 días anteriores y no superior a los 30 días posteriores a los respectivos hechos.

- Solicitar el certificado de película española y su calificación por edades de público dentro de los 12 meses a partir del inicio de rodaje (24 meses en el caso de películas de animación).

- Acreditar el coste de la película y la inversión del productor en el plazo de cuatro meses a partir de la notificación a la productora del certificado de película española.

En el año 2007, el ICAA recibió 276 solicitudes para este tipo de ayudas y las concedió a 38 proyectos por un importe total de ocho millones de euros.

Si se desea obtener información más completa y detallada de esta subvención, se puede acudir a la página del Ministerio de Cultura, www.mcu.es. Una vez dentro, hay que cliquear en el apartado de Cine y Audiovisual, después en el de Ayudas y Subvenciones y, ya dentro, se puede ver la relación de ayudas y subvenciones de cine. Para cada una de ellas se especifica la fecha tope de presentación, la fecha de publicación en el BOE y, asimismo, puede descargarse la convocatoria y el modelo de solicitud oficial.

Este modelo de solicitud oficial es el siguiente:

ANEXO V

**AYUDA SOBRE PROYECTO
LARGOMETRAJES**

(Nuevos realizadores, obras experimentales, documentales)
Don/Doña ....NIF........................., en su calidad de .... de la empresa cinematográfica, ... C.I.F./N.I.F., ... con domicilio en .... Calle ...., núm. .... C.P. ....
Teléfono, ..., FAX .... inscrita en el Registro de Empresas Cinematográficas y Audiovisuales con el número, ... Sección, ...
EXPONE: Que desea optar a una ayuda sobre proyecto para la realización de largometrajes que incorporen nuevos realizadores, pilotos de series de animación, documentales y a obras experimentales de decidido contenido artístico y cultural, reguladas en el Artículo 11 del Real Decreto 526/2002, de 14 de junio.

A tal efecto, acompaña la documentación que al dorso se relaciona.

SOLICITA: Que, de acuerdo con las normas de la convocatoria del año en curso, se le conceda la ayuda indicada, por una cuantía de .... euros para la película titulada .... cuyo presupuesto (SIN copias NI publicidad) asciende a .... euros, y sea considerada en el grupo de:

......Largometrajes de ficción
......Largometraje de animación
......Documental
......Piloto de serie de animación
......Película experimental o de características especiales
(señálese la que proceda)

En ...., a ....de ....de 200

Fdo: ....

(La solicitud tiene que ser suscrita por el representante legal de la empresa)

Nota 1: en caso de más de un solicitante, cada uno deberá cumplimentar un impreso.

Nota 2: Los datos de carácter personal recogidos en esta solicitud y los documentos que deben acompañarla serán incorporados y tratados en el fichero SOLICITANTES INTERPRETES Y SUBVENCIONES cuya finalidad es la tramitación de expedientes, el control de la tramitación y el conocimiento de datos sobre los profesionales de las películas para la concesión de subvenciones y la calificación de las películas. El órgano responsable del fichero es la Subdirección General de Fomento de la Industria Cinematográfica y Audiovisual del Instituto de la Cinematografía y de las Artes Audiovisuales ante el que el interesado podrá ejercitar, debidamente identificado, los derechos de acceso, rectificación, cancelación y oposición, en la dirección Plaza del Rey, 1 28004-Madrid, todo lo cual se informa en cumplimiento del artículo 5 de la Ley Orgánica 15/1999, de 13 de diciembre de Protección de Datos de Carácter Personal.

SR. DIRECTOR GENERAL DEL INSTITUTO DE LA CINEMATOGRAFÍA Y DE LAS ARTES AUDIOVISUALES. MINISTERIO DE CULTURA. Plaza del Rey s/n 28004 MADRID.

Reverso ANEXO V

DOCUMENTACIÓN QUE DEBE ACOMPAÑAR A LA PRESENTE SOLICITUD

A) Datos del proyecto formado por: (13 ejemplares)

a) Memoria de proyecto, de un máximo de 6 folios firmada por productora, guionista y director.
b) Acreditación de poseer los pertinentes derechos de propiedad intelectual sobre el guión y en su caso, el de opción sobre la obra preexistente.
c) Guión de la película.
d) Presupuesto de la película en modelo oficial.
e) Plan de trabajo, con indicación de tiempo de rodaje y localizaciones.
f) Declaración de que el proyecto cumple todos los requisitos previstos en el artículo 2 de la Ley 15/2001 de 9 de julio, para la obtención de nacionalidad española de la película, para que la película sea considerada española.
g) Ficha técnico–artística.
h) Plan de financiación razonado y debidamente documentado mediante la aportación, en su caso, de los contratos suscritos al efecto con especial referencia a la aportación, subvenciones o ayudas soli-

citadas a otras Administraciones o Instituciones Públicas, si las hubiere. En dicho plan deberá figurar la cuantía de la subvención que solicita para la realización de la película.
i) Datos básicos del historial profesional del director y del guionista.

B) Datos de la empresa productora referidos a: (13 ejemplares)
a) Películas producidas durante al menos los últimos cinco años con indicación para cada una de ellas de los ingresos obtenidos en taquilla en España, su explotación en el exterior, participación en festivales y premios obtenidos.
b) Otras producciones audiovisuales realizadas.
c) Plan de producción para los próximos dos años.
d) Declaración de ser productora independiente, de acuerdo con la definición del artículo 2. 5 de Real Decreto 526/2002 de 14 de junio.
e) Declaración de no estar incurso en ninguna de las situaciones contempladas en el Art. 13.2 de la Ley 38/2003, de 17 de noviembre, General de Subvenciones.
f) Certificado acreditativo del cumplimiento de las obligaciones tributarias expedido por la Agencia Tributaria a efectos de subvenciones y con carácter positivo. (Sólo en caso de denegar la autorización a este Organismo para requerir en su nombre el citado certificado).
g) Certificado acreditativo del cumplimiento de las obligaciones para con la Seguridad Social, Régimen General y de Artistas, expedido por la Oficina correspondiente, o, en su caso, declaración firmada de no estar obligados a su pago, o autorización a este Organismo para requerir en su nombre el citado certificado.
h) Para las Sociedades: Último recibo de pago del Impuesto de Actividades Económicas o declaración de su exención.

NOTA: Además de la documentación citada se deberá presentar:
- Declaración expresa de que los datos relativos a la personalidad jurídica y representación con la que actúe el solicitante no ha sufrido modificación con respecto de los ya existentes en el Registro de Empresas, o, en otro caso, documentación suficiente que acredite las modificaciones sobre dichos extremos. (Art. 16, C de la ORDEN CUL/3928/2006, de 14 de diciembre).
- Declaración de no ser deudor por resolución de procedimiento de reintegro de subvenciones anteriores. (Art. 25 del Real Decreto 887/2006, de 21 de julio).
- Declaración expresa informando de otras ayudas, en su caso, solicitadas o concedidas para la misma actividad.

B) *Ayudas para la amortización de largometrajes (general y complementaria)*

Se trata de dos subvenciones diferentes. Aunque las dos se denominen subvenciones a la amortización de largometrajes, una de ellas es denominada General y la otra Complementaria.

La Ayuda General para la Amortización de largometrajes es de un importe equivalente hasta el 15% de la recaudación bruta de taquilla obtenida por la película durante los doce primeros meses de su exhibición comercial en España con un límite establecido en 1.000.000 euros.

Prestemos atención al matiz de "hasta" el 15% que evidencia que el productor no puede calcular con exactitud el importe que recibirá porque hasta llegar al 15% está el 14%, el 13%, el 12%... En la convocatoria de esta subvención para el año 2008 se determina que el porcentaje final aplicable lo será en función de la recaudación bruta obtenida por el conjunto de las películas concurrentes a la convocatoria.

Para solicitar esta ayuda general debe presentarse una solicitud acompañada de una serie de documentación, de la cual cabe destacar, por su relevancia, un certificado del ICAA que acredite la recaudación obtenida en el periodo de los doce primeros meses de explotación comercial de la película en España.

Éste es el modelo oficial, en cuyo reverso consta la documentación que hay que presentar para solicitar esta ayuda:

ANEXO III

AYUDA GENERAL PARA LA AMORTIZACIÓN DE LARGO METRAJES

Don/Doña .... NIF .... en su calidad de .... de la empresa cinematográfica .... C.I.F./N.I.F........................, con domicilio en.............. calle ...., núm. ............C.P........... teléfono .... FAX .... inscrita en el Registro de Empresas Cinematográficas y Audiovisuales con el número .... Sección ....

EXPONE: Que como productora al ....% de la película de largometraje titulada ...., calificada por resolución de .... fecha ...., con coste reconocido por importe de .... Euros e inversión del productor de .... Euros, y estrenada en fecha ...., desea optar a la ayuda general para la amortización prevista en el Artículo 10, 1. del Real Decreto 526/2002, de 14 de junio. A tal efecto adjunta la documentación que al dorso se relaciona:

SOLICITA: Que de acuerdo con la convocatoria del año en curso, se le conceda la ayuda citada.
    En ...., a ...... de 200
    Fdo.:
    (La solicitud tiene que ser suscrita por el representante legal de la empresa).

Nota 1: Si la película ha sido realizada por más de un productor cada uno de ellos deberá cumplimentar su solicitud.

Nota 2: Los datos de carácter personal recogidos en esta solicitud y los documentos que deben acompañarla serán incorporados y tratados en el fichero SOLICITANTES INTERPRETES Y SUBVENCIONES cuya finalidad es la tramitación de expedientes, el control de la tramitación y el conocimiento de datos sobre los profesionales de las películas para la concesión de subvenciones y la calificación de las películas. El órgano responsable del fichero es la Subdirección General de Fomento de la Industria Cinematográfica y Audiovisual del Instituto de la Cinematografía y de las Artes Audiovisuales ante el que el interesado podrá ejercitar, debidamente identificado, los derechos de acceso, rectificación, cancelación y oposición, en la dirección Plaza del Rey, 1 28004-Madrid, todo lo cual se informa en cumplimiento del artículo 5 de la Ley Orgánica 15/1999, de 13 de diciembre de Protección de Datos de Carácter Personal.

SR. DIRECTOR GENERAL DEL INSTITUTO DE LA CINEMATOGRAFÍA Y DE LAS ARTES AUDIOVISUALES. MINISTERIO DE CULTURA. MADRID.

REVERSO ANEXO III

DOCUMENTACIÓN QUE DEBE ACOMPAÑAR A LA PRESENTE SOLICITUD

– Certificado del ICAA acreditativo de la recaudación obtenida en el periodo requerido.
– Documento justificativo de la entrega de una copia de la película objeto de la ayuda en la Filmoteca Española.

- Documento público asumiendo el compromiso de mantener en propiedad la titularidad de los derechos de la película durante el plazo de 7 años y respetar la cronología de explotación de la película prevista en el art. 8.e del Real Decreto 526/2002 de 14 de junio.
- Documento público concediendo la autorización previa para el uso de la película por el ICAA en sus actividades de promoción de la cinematografía española en el exterior.
- Declaración expresa de que la productora (sí/no) forma parte de grupos empresariales a los que hace referencia el artículo 10. B7 del Real Decreto 526/2002 de 14 de junio.
- Declaración expresa de que la productora (sí/no) se encuentra participada de acuerdo con el artículo 10. 9 del Real Decreto 526/2002 de 14 de junio, por lo que sí/no se encuentra obligada a coproducir con productoras independientes el 75% de sus películas (en caso afirmativo, adjuntar acreditación de las coproducciones realizadas).
- Certificado acreditativo del cumplimiento de las obligaciones Tributarias expedido por la Agencia Tributaria a efectos de subvenciones y con carácter positivo. (Sólo en caso de denegar la autorización a este Organismo para requerir en su nombre el citado certificado).
- Certificado acreditativo del cumplimiento de las obligaciones para con la Seguridad Social, Régimen General y de Artistas, expedido por la Oficina correspondiente, o, en su caso, declaración firmada de no estar obligados a su pago, o autorización a este Organismo para requerir en su nombre el citado certificado.
- Para las Sociedades: Último recibo de pago del impuesto de Actividades Económicas o declaración de su exención.

NOTA: Además de la documentación citada se deberá presentar:

- Declaración expresa de que los datos relativos a la personalidad jurídica y representación con la que actúe el solicitante no ha sufrido modificación con respecto de los ya existentes en el Registro de Empresas, o, en otro caso, documentación suficiente que acredite las modificaciones sobre dichos extremos (Art. 16, C de la Orden CUL/3928/2006, de 14 de diciembre).
- Declaración de no estar incurso en ninguna de las situaciones de exclusión del artículo 13.2 de la Ley 38/2003 de 17 de noviembre, General de Subvenciones.
- Declaración de no ser deudor por resolución de procedimiento de reintegro de subvenciones anteriores (Art. 25 del Real Decreto 887/2006, de 21 de julio).
- Declaración expresa informando de otras ayudas, en su caso, solicitadas o concedidas para la misma actividad.

Por su parte, la Ayuda Complementaria para la amortización de largometrajes puede alcanzar una cuantía de hasta el 33% de la inversión del productor en la película (con el límite de 700.000 €).

De nuevo, prestemos atención al matiz de "hasta" el 33% y apliquemos aquí lo que hemos apuntado para la Ayuda General a la Amortización. En este caso, la convocatoria de estas subvenciones para 2008 establece que el porcentaje final aplicable lo será en función de la inversión del productor del conjunto de las películas concurrentes a la convocatoria.

Para poder obtener la Ayuda Complementaria a la Amortización se exige que la película haya obtenido, durante los doce primeros meses de su exhibición comercial en España, una recaudación mínima. Ésta es la siguiente:

a) 330.557 €. Si se ha llegado a este mínimo de recaudación, la productora podrá optar a una Ayuda Complementaria para la Amortización de hasta 601.012 €.

b) Si la recaudación obtenida es superior a 390.658 €, el límite de la Ayuda Complementaria se establece en 700.000 €.

Hay una serie de excepciones:

- Si la película ha sido dirigida por un nuevo realizador o se trata de una película que tiene un coste inferior a 1.202.024 €, la recaudación bruta mínima exigida desciende a los 210.354 € (para llegar a obtener una ayuda complementaria de 601.012 €) o a 270.455 € para alcanzar el límite de los 700.000 €.

- Para los documentales, la recaudación bruta necesaria para la obtención de la ayuda será de 150.253 €, con el límite de 601.012 €.

- Si la película ha sido rodada en alguna lengua oficial española distinta del castellano y reconocida como propia por el Estatuto de Autonomía de una Comunidad Autónoma, la recaudación bruta necesaria para percibir la ayuda es de 120.202 € (para el límite de 601.012 €) o de 180.304 € (para alcanzar los 700.000 €). En estos casos, al menos 30.051 € de la recaudación tienen que haberse obtenido por la exhibición de la película en su versión original.

Para acceder a esta ayuda complementaria es necesario presentar una solicitud, según modelo oficial, acompañada de una serie de documentos. Al igual que para la ayuda general, es imprescindible presentar un certificado del ICAA que acredite la recaudación obtenida en el periodo de los doce primeros meses de explotación comercial de la película en España, de manera que se pueda demostrar que la película ha llegado a los mínimos de recaudación obligatorios para la percepción de la ayuda.

El siguiente modelo se utiliza para la solicitud de este tipo de ayudas e indica, en su reverso, toda la documentación que debe adjuntarse.

ANEXO IV

AYUDA COMPLEMENTARIA PARA LA AMORTIZACIÓN DE LARGOMETRAJES

Don/Doña.. NIF.............................. en su calidad de .... de la empresa cinematográfica .... C.I.F./N.I.F ...., con domicilio en.................... calle ...., núm.

............C.P............ teléfono ………..…............. FAX ……………......... inscrita en el Registro de Empresas Cinematográficas y Audiovisuales con el número ....………. Sección ....

EXPONE: Que como productora al ……..% de la película de largometraje titulada ....
...., calificada por resolución de fecha ....………....., con coste reconocido por importe de ....…….......... Euros e inversión del productor de ....………..... Euros, y estrenada en fecha ....…........, desea optar a la ayuda complementaria para la amortización prevista en el Artículo 10, 2. del Real Decreto 526/2002, de 14 de junio. A tal efecto adjunta la documentación que al dorso se relaciona Y declara:

1. Que la versión original de la película es en lengua ……………….
2. Que la película (sí/no) es de un nuevo realizador (ver dorso).

SOLICITA: Que de acuerdo con la convocatoria del año en curso, se le conceda la ayuda citada.
En ....…, a ...... de ....……….. de 200.....
Fdo.:
(La solicitud tiene que ser suscrita por el representante legal de la empresa)

Nota 1: Si la película ha sido realizada por más de un productor cada uno de ellos deberá cumplimentar su solicitud.

Nota 2: Los datos de carácter personal recogidos en esta solicitud y los documentos que deben acompañarla serán incorporados y tratados en el fichero SOLICITANTES INTERPRETES Y SUBVENCIONES cuya finalidad es la tramitación de expedientes, el control de la tramitación y el conocimiento de datos sobre los profesionales de las películas para la concesión de subvenciones y la calificación de las películas. El órgano responsable del fichero es la Subdirección General de Fomento de la Industria Cinematográfica y Audiovisual del Instituto de la Cinematografía y de las Artes Audiovisuales ante el que el interesado podrá ejercitar, debidamente identificado, los derechos de acceso, rectificación, cancelación y oposición, en la dirección Plaza del Rey, 1 28004-Madrid, todo lo cual se informa en cumplimiento del artículo 5 de la Ley Orgánica 15/1999, de 13 de diciembre de Protección de Datos de Carácter Personal.

SR. DIRECTOR GENERAL DEL INSTITUTO DE LA CINEMATOGRAFÍA Y DE LAS ARTES AUDIOVISUALES.
MINISTERIO DE CULTURA. MADRID.

REVERSO ANEXO IV

DOCUMENTACIÓN QUE DEBE ACOMPAÑAR A LA PRESENTE SOLICITUD

- Certificado del ICAA acreditativo de la recaudación obtenida en el periodo requerido.
- Documento público asumiendo el compromiso de mantener en propiedad la titularidad de los derechos de la película durante el plazo de 7 años y respetar la cronología de explotación de la película prevista en el Art. 8.e del Real Decreto 526/2002 de 14 de junio.
- Documento público concediendo la autorización previa para el uso de la película por el ICAA en sus actividades de promoción de la cinematografía española en el exterior.
- Declaración expresa de que la productora (sí/no) forma parte de grupos empresariales a los que hace referencia el artículo 10. B7 del Real Decreto 526/2002 de 14 de junio.
- Declaración expresa de que la productora (sí/no) se encuentra participada de acuerdo con el artículo 10. 9 del Real Decreto 526/2002 de 14 de junio, por lo que sí/no se encuentra obligada a coproducir

> con productoras independientes el 75% de sus películas (en caso afirmativo, adjuntar acreditación de las coproducciones realizadas).
> - En el caso de coproducciones con participación española minoritaria, declaración de haber realizado dos coproducciones con participación española igualitaria o mayoritaria, o una película cien por cien española en los tres años anteriores.
> - Declaración de la condición de nuevo realizador, en su caso, firmado por el director y productor de la película. En el caso de nuevo realizador de nacionalidad distinta a la española, se acreditará esta circunstancia mediante certificación expedida por el organismo competente en materia de cinematografía del país del que es nacional dicho realizador.
> - Certificado acreditativo del cumplimiento de las obligaciones Tributarias expedido por la Agencia Tributaria a efectos de subvenciones y con carácter positivo. (Sólo en caso de denegar la autorización a este Organismos para requerir en su nombre el citado certificado).
> - Certificado acreditativo del cumplimiento de las obligaciones para con la Seguridad Social, Régimen General y de Artistas, expedido por la Oficina correspondiente, o, en su caso, declaración firmada de no estar obligados a su pago, o autorización a este Organismo para requerir en su nombre el citado certificado.
> - Para las Sociedades: Último recibo de pago del impuesto de Actividades Económicas o declaración de su exención.
>
> **NOTA: Además de la documentación citada se deberá presentar:**
> - Declaración expresa de que los datos relativos a la personalidad jurídica y representación con la que actúe el solicitante no ha sufrido modificación con respecto de los ya existentes en el Registro de Empresas, o, en otro caso, documentación suficiente que acredite las modificaciones sobre dichos extremos (Art. 16, C de la Orden CUL/3928/2006, de 14 de diciembre).
> - Declaración de no estar incurso en ninguna de las situaciones de exclusión del artículo 13.2 de la Ley 38/2003 de 17 de noviembre, General de Subvenciones.
> - Declaración de no ser deudor por resolución de procedimiento de reintegro de subvenciones anteriores (Art. 25 del Real Decreto 887/2006, de 21 de julio).
> - Declaración expresa informando de otras ayudas, en su caso, solicitadas o concedidas para la misma actividad.

Observamos que para ambos tipos de subvenciones, tanto la general como la complementaria, es obligatoria la presentación del reconocimiento del coste de la película. Se trata de un documento muy importante porque se utiliza para determinar y limitar la cuantía de las ayudas:

a) El importe acumulado por una película de ambas ayudas de amortización no podrá superar el 50% del coste de la película.

b) Tampoco podrá superar el 75% de la inversión del productor.

c) En todos los casos, el límite máximo son 1.000.000 €.

El pago de estas ayudas se hará efectivo a partir de la resolución de la concesión, previa presentación de la documentación que certifique que la productora está al corriente de pago de sus obligaciones con la Seguridad Social y con Hacienda, así como previa entrega del último recibo del IAE (Impuesto de Actividades Económicas) o declaración de su exención.

Según datos del ICAA referidos a 2007, se han repartido más de 46 millones de euros en ayudas a la amortización de largometrajes.

Para estudiar más a fondo estas subvenciones y, al igual que se ha apuntado antes, se puede acudir a la web www.mcu.es y, en el apartado dedicado a las Ayudas y Subvenciones de Cine se encontrará toda la información necesaria. Tampoco hay que olvidarse de revisar toda la legislación referente al tema.

Después de haber repasado los requisitos y las características principales de estas subvenciones a la amortización de largometrajes pueden habérsenos suscitado algunas dudas:

1. ¿Es posible obtener para una misma película estas tres subvenciones: Nuevos Realizadores, Ayuda General a la Amortización y Ayuda Complementaria a la Amortización? La subvención a Nuevos Realizadores es compatible con la Ayuda General a la Amortización. Pero es incompatible la obtención de la subvención a Nuevos Realizadores con la Ayuda Complementaria a la Amortización. Por otro lado, las ayudas general y complementaria a la amortización son compatibles.

2. Al diseñar la estrategia de financiación, ¿por qué ayuda optará el productor? Éste deberá elegir —según el tipo de proyecto, el realizador y las expectativas comerciales que tenga sobre la futura película— si solicitará una Ayuda para Nuevo Realizador o la Ayuda Complementaria a la Amortización (ya que, como hemos dicho, son subvenciones incompatibles). En su elección deberá tener en cuenta lo siguiente:

    - *El montante a percibir.* Si bien se establece que las ayudas a un proyecto de Nuevo Realizador pueden alcanzar la cifra de 500.000 € por película beneficiaria, no es habitual que se llegue a conseguir esa cifra. Sin embargo una Ayuda Complementaria a la Amortización puede llegar hasta el 33% de la inversión del productor, siempre con el límite de 700.000 €.

    - *El momento de percepción de la subvención.* La de Nuevo Realizador se hace efectiva a partir de la resolución definitiva de la concesión, una vez se haya acreditado el inicio del rodaje y, previo cumplimiento de una serie de requisitos. Esto significa que el productor dispondrá del dinero cuando está produciendo la película. Por el contrario, ya hemos visto que para tener derecho a la Ayuda Complementaria a la Amortización es necesario haber llegado a un mínimo de recaudación en salas cinematográficas durante los doce primeros meses de la exhibición comercial de la película en España. Esto significa que el productor recibirá el importe de la ayuda cuando ya haya realizado la película y, por tanto, no dispondrá del dinero cuando la esté produciendo. Además, asume un importante riesgo: que la película no alcance en taquilla el mínimo de recaudación exigido por la legislación, y por ello no tenga derecho a solicitar ni obtener la ayuda.

Imaginemos un supuesto: el productor analiza un determinado proyecto de película y cree que alcanzará ese mínimo de recaudación obligatoria así que opta por la Ayuda Complementaria a la Amortización. Surge, en ese momento, el siguiente problema: si el dinero de esta ayuda no lo va a obtener hasta mucho después de producida y estrenada la película, ¿de dónde lo obtiene para financiar dicha película? La respuesta la encontramos en el convenio firmado entre el ICAA y el ICO (Instituto de Crédito Oficial) para el establecimiento de una línea de financiación para la producción cinematográfica. De lo que se trata es de que el productor, como adelanto de la subvención que posteriormente recibirá del ICAA, obtenga un crédito del ICO para financiar la película. El procedimiento para la obtención de este crédito es laborioso —por la cantidad de información que se demanda a la productora— y complejo —por todos los actores que intervienen— y explicarlo en detalle excedería el propósito de este libro. No obstante, podemos describirlo en sus líneas más básicas: la productora presentará la solicitud en cualquiera de las entidades financieras colaboradoras. Éstas remitirán el expediente al ICO que, a su vez, lo reenviará al ICAA. El ICAA dictará la resolución que estime y la comunicará al ICO, éste a la entidad financiera y, por fin, la entidad financiera firmará el crédito con la empresa productora.

No hay que olvidar, pues, que lo que se firma es un crédito con una entidad financiera, aunque sea al amparo de un convenio del que el ICAA es parte. Esto lleva consigo dos hechos importantes:

- El crédito devenga intereses a los que hay que hacer frente y que suponen un incremento del coste de producción (Aunque hay que tener también en cuenta que existe una ayuda para la minoración de intereses de los préstamos concedidos al amparo del convenio).

- Podría darse el hipotético caso de que a la productora se le hubiera concedido el crédito bancario por una cantidad determinada y que, al solicitar la Subvención Complementaria a la Amortización, la cantidad de la subvención fuese inferior —por cualesquiera motivos— a la cantidad del crédito que le fue aprobado. En este caso, la productora sigue igualmente deudora frente a la entidad financiera de la totalidad del crédito y, por tanto, deberá devolverlo con otros recursos distintos a la concesión de la Subvención Complementaria a la Amortización.

Si la productora decide solicitar la Subvención Complementaria a la Amortización en lugar de la de Nuevos Realizadores, es importante que cuente con una infraestructura financiera relativamente fuerte que le permita hacer frente, no solo a los costes del crédito, sino también tener la posibilidad de que le sea concedido el mismo.

Aparte de estas subvenciones ya analizadas y que son las que constituyen el grueso de las ayudas a la producción, los productores pueden solicitar otro tipo de subvenciones. Destacamos las siguientes:

C) *Ayudas para la producción de cortometrajes*

El ICAA convoca anualmente ayudas para la producción de cortometrajes. Para acceder a ellas, la empresa productora debe presentar una solicitud en el modelo oficial y adjuntar una serie de documentación tanto sobre el proyecto (memoria, contrato de guionista, sinopsis, guión, presupuesto, plan de trabajo, ficha técnico-artística y plan de financiación) como sobre la productora que sirve para acreditar la solvencia y la eficacia de la empresa para llevar a buen fin la realización del cortometraje.

La cuantía máxima otorgable tiene varios límites:

- Un máximo de 30.050 € por cortometraje.

- En ningún caso, la cantidad que se conceda podrá superar la inversión del productor.

- La ayuda otorgada tampoco podrá superar el 50% del presupuesto del cortometraje.

Este es el modelo oficial para solicitar una ayuda a la producción de un cortometraje así como la totalidad de la documentación que debe adjuntarse:

ANEXO VI

AYUDA A PROYECTO DE CORTOMETRAJE

Don/Doña .... NIF .... en su calidad de .... de la empresa cinematográfica .... C.I.F./ N.I.F ...., con domicilio en ....calle ...., núm. ...., C.P. ....teléfono .... fax .... inscrita en el Registro de Empresas Cinematográficas y Audiovisuales con el número .... Sección ....

EXPONE: Que desea optar a una ayuda sobre proyecto de las previstas en el Artículo 12 del Real Decreto 526/2002, de 14 de junio, para la realización de la película de cortometraje titulada ...., cuyo presupuesto asciende a .... euros.
 A tal efecto, acompaña la documentación que al dorso se relaciona.

Por todo lo cual,

SOLICITA: Que, de acuerdo con la convocatoria del año en curso se le conceda la ayuda citada.

En ...., a .... de .... de 200....

Fdo:

(La solicitud tiene que ser suscrita por el representante legal de la empresa).

Nota 1: En caso de más de un solicitante, cada uno deberá cumplimentar un impreso.

Nota 2: Los datos de carácter personal recogidos en esta solicitud y los documentos que deben acompañarla serán incorporados y tratados en el fichero SOLICITANTES INTERPRETES Y SUBVENCIONES cuya finalidad es la tramitación de expedientes, el control de la tramitación y el conocimiento de datos sobre los profesionales de las películas para la concesión de subvenciones y la calificación de las películas. El órgano responsable del fichero es la Subdirección General de Fomento de la Industria Cinematográfica y Audiovisual del Instituto de la Cinematografía y de las Artes Audiovisuales ante el que el interesado podrá ejercitar, debidamente identificado, los derechos de acceso, rectificación, cancelación y oposición, en la dirección Plaza del Rey, 1 28004-Madrid, todo lo cual se informa en cumplimiento del artículo 5 de la Ley Orgánica 15/1999, de 13 de diciembre de Protección de Datos de Carácter Personal.

SR. DIRECTOR GENERAL DEL INSTITUTO DE LA CINEMATOGRAFÍA Y DE LAS ARTES AUDIOVISUALES.
MINISTERIO DE CULTURA. PLAZA DEL REY, 1. 28004 MADRID.

REVERSO ANEXO VI

DOCUMENTACIÓN QUE DEBE ACOMPAÑAR A LA PRESENTE SOLICITUD (8 ejemplares)

a) Memoria del proyecto.
b) Acreditación de poseer los pertinentes derechos de propiedad intelectual sobre el guión y, en su caso, el de opción sobre la obra preexistente.
c) Guión de la película y sinopsis de la misma.
d) Presupuesto de la película en modelo oficial.
e) Plan de Trabajo.
f) Declaración de que el proyecto cumple todos los requisitos previstos en el Art. 2 de la Ley 15/2001 de 9 de julio para la obtención de nacionalidad española de la película.
g) Ficha técnico-artística.
h) Plan de financiación razonado y debidamente documentado mediante la aportación, en su caso, de los contratos suscritos al efecto con especial referencia a la aportación, subvenciones o ayudas solicitadas a otras Administraciones o Instituciones Públicas, si las hubiere. En dicho plan deberá figurar la cuantía de la subvención que solicita para la realización de la película.
i) Datos básicos del historial profesional del director y del guionista.
j) Historial de la empresa productora solicitante de la ayuda.
k) Declaración de ser productora independiente de acuerdo con la definición del Art. 2. 5 del Real Decreto 526/2002 de 14 de junio.
l) Declaración de no estar incurso en ninguna de las situaciones contempladas en el Art. 13.2 de la Ley 38/2003, de 17 de noviembre, General de Subvenciones.
m) Certificado acreditativo del cumplimiento de las obligaciones tributarias expedido por la Agencia Tributaria a efectos de subvenciones y con carácter positivo. (Sólo en caso de denegar la autorización a este Organismo para requerir en su nombre el citado certificado).
n) Certificado acreditativo del cumplimiento de las obligaciones para con la Seguridad Social, Régimen General y de Artistas, expedido por la Oficina correspondiente y, en su caso, declaración firmada de

> no estar obligados a su pago o autorización a este Organismo para requerir en su nombre el citado certificado.
> o) Para las Sociedades: Último recibo de pago del Impuesto de Actividades Económicas o declaración de su exención.
>
> **NOTA: Además de la documentación citada se deberá presentar:**
> - Declaración expresa de que los datos relativos a la personalidad jurídica y representación con la que actúe el solicitante no ha sufrido modificación con respecto de los ya existentes en el Registro de Empresas, o, en otro caso, documentación suficiente que acredite las modificaciones sobre dichos extremos. (Art. 16, C de la ORDEN CUL/3928/2006, de 14 de diciembre).
> - Declaración de no ser deudor por resolución de procedimiento de reintegro de subvenciones anteriores. (Art. 25 del Real Decreto 887/2006, de 21 de julio).
> - Declaración expresa informando de otras ayudas, en su caso, solicitadas o concedidas para la misma actividad.

En el año 2007, según datos del ICAA, se destinaron 521.000 € a esta modalidad de subvención. Se presentaron 286 solicitudes y se resolvieron positivamente 48 proyectos. La mayoría obtuvieron una ayuda entre 5.000 y 10.000 €. El proyecto que consiguió la ayuda más elevada fue de 24.000 €.

Una comisión designada al efecto se encarga de evaluar los proyectos recibidos y que cumplen con los requisitos exigidos. En su valoración deben otorgar a la calidad y valor artístico del guión hasta el 70% de la valoración total del proyecto.

Si la productora es beneficiaria de esta subvención queda obligada a:

- Iniciar el rodaje en el plazo de dos meses desde la fecha de percepción de la subvención (cuatro meses si el cortometraje es de animación).
- Comunicar al ICAA la fecha de inicio y fin de rodaje.
- Solicitar el certificado de nacionalidad española de la película y su calificación por edades no más tarde de cuatro meses desde el inicio del rodaje.
- Acreditar el coste de la película y la inversión del productor en el plazo de dos meses desde la notificación del certificado de nacionalidad española.
- Entregar a la Filmoteca Española una copia del cortometraje, así como un documento que autorice al ICAA a usar la película en sus actividades de promoción de nuestra cinematografía en el exterior.

D) *Ayudas a cortometrajes realizados*

Esta ayuda, a diferencia de la anterior que hemos tratado, que se concedía a un proyecto de cortometraje, se otorga al cortometraje ya acabado.

La cuantía máxima que puede alcanzar la subvención nunca será superior al 75% de la inversión del productor.

Al igual que ocurre con todas las subvenciones, debe presentarse una solicitud en modelo oficial y adjuntarse, obligatoriamente, una serie de documentación.

A continuación reproducimos el modelo oficial y la documentación que debe acompañarlo:

ANEXO VII

AYUDA A CORTOMETRAJE REALIZADO

Don/Doña .... NIF .... , en su calidad de ....
de la cinematográfica, ... C.I.F./N.I.F ,................ con domicilio en .... Calle,...................... C.P. .... Teléfono ....,
FAX,...................... inscrita en el Registro de Empresas Cinematográficas y Audiovisuales con el número .... Sección ....

EXPONE: Que, como productor de la película de corto metraje titulada .... desea optar a una ayuda a cortometraje realizado, regulada por él, Artículo 12 del Real Decreto 526/2002, de 14 de junio, para películas de cortometraje realizadas.

A tal efecto, acompaña la siguiente documentación:
a) Acreditación de entrega de una copia de la película en la cabina del ICAA.
b) Resolución de reconocimiento de coste de producción, o indicación de que la documentación para su obtención ha sido presentada en el ICAA.
c) Resolución de calificación.
d) Declaración de ser productora independiente de acuerdo con la definición del artículo 2. 5 del Real Decreto 526/2002, de 14 de junio.
e) Declaración de no estar incurso en ninguna de las situaciones contempladas en el Art. 13.2 de la Ley 38/2003, de 17 de noviembre, General de Subvenciones.
f) Certificado acreditativo del cumplimiento de las obligaciones tributarias expedido por la Agencia Tributaria a efectos de subvenciones y con carácter positivo. (Solo en caso de denegar la autorización a este Organismo para requerir en su nombre el citado certificado).
g) Certificado acreditativo del cumplimiento de las obligaciones para con la Seguridad Social, Régimen General y de Artistas, expedido por la Oficina correspondiente y, en su caso, declaración firmada de no estar obligados a su pago, o autorización a este Organismo para requerir en su nombre el citado certificado.
h) Para las Sociedades: Último recibo de pago del Impuesto de Actividades Económicas o declaración de su exención.

Por todo lo cual,

SOLICITA: Que, de acuerdo con la convocatoria del año en curso, se le conceda la subvención que corresponda, en razón al coste de producción y al valor artístico y cultural de la película de referencia.

En ....a, ...de, ...de 200...
Fdo:

(La solicitud tiene que ser suscrita por el representante legal de la empresa).

> **Nota 1:** En caso de que la película haya sido realizada por más de un productor, cada uno de ellos deberá cumplimentar una solicitud.
>
> **Nota 2:** Los datos de carácter personal recogidos en esta solicitud y los documentos que deben acompañarla serán incorporados y tratados en el fichero SOLICITANTES INTERPRETES Y SUBVENCIONES cuya finalidad es la tramitación de expedientes, el control de la tramitación y el conocimiento de datos sobre los profesionales de las películas para la concesión de subvenciones y la calificación de las películas. El órgano responsable del fichero es la Subdirección General de Fomento de la Industria Cinematográfica y Audiovisual del Instituto de la Cinematografía y de las Artes Audiovisuales ante el que el interesado podrá ejercitar, debidamente identificado, los derechos de acceso, rectificación, cancelación y oposición, en la dirección Plaza del Rey, 1 28004-Madrid, todo lo cual se informa en cumplimiento del artículo 5 de la Ley Orgánica 15/1999, de 13 de diciembre de Protección de Datos de Carácter Personal.
>
> **SR. DIRECTOR GENERAL DEL INSTITUTO DE LA CINEMATOGRAFÍA Y DE LAS ARTES AUDIOVISUALES**
> **MINISTERIO DE CULTURA. MADRID.**
>
> **NOTA: Además de la documentación citada se deberá presentar:**
> - Declaración expresa de que los datos relativos a la personalidad jurídica y representación con la que actúe el solicitante no ha sufrido modificación con respecto de los ya existentes en el Registro de Empresas, o, en otro caso, documentación suficiente que acredite las modificaciones sobre dichos extremos. (Art. 16, C de la ORDEN CUL/3928/2006, de 14 de diciembre).
> - Declaración de no ser deudor por resolución de procedimiento de reintegro de subvenciones anteriores. (Art. 25 del Real Decreto 887/2006, de 21 de julio).
> - Declaración expresa informando de otras ayudas, en su caso, solicitadas o concedidas para la misma actividad.

El procedimiento de valoración se basa en una puntuación entre 0 y 10 puntos que realiza cada uno de los vocales tras el visionado del cortometraje. El valor artístico del corto supone el 70% de la valoración total. Otros aspectos que puntuar son: el coste del cortometraje, el currículum del director y guionista, la inversión del productor y la ayuda que hubiera obtenido el cortometraje sobre proyecto.

El pago de la ayuda, tanto al cortometraje realizado como al proyecto de cortometraje, se hará efectivo a partir de la resolución de concesión y previa acreditación de encontrarse al corriente de pago de las obligaciones fiscales y para con la Seguridad Social. Además, la empresa productora debe presentar el último recibo del IAE o, en su caso, declaración de estar exento.

Según datos del ICAA, en el año 2007, se presentaron 130 solicitudes de ayudas a cortometrajes realizados, obteniendo subvención 71 cortos. El total de las ayudas concedidas ascendió a 789.548 €.

Vistas las características y el funcionamiento de las dos ayudas que otorga el ICAA a los cortometrajes, podemos tener la misma duda que nos planteamos respecto a las ayudas a la amortización: ¿es posible obtener ambas? Sí. Pero nunca podremos superar estos límites:

— El coste de producción del cortometraje.
— La cantidad de 60.101 €.

Al igual que hemos aconsejado antes, se puede conseguir una información más detallada y completa de estas ayudas en la web www.mcu.es, dentro del apartado Cine y Audiovisuales.

No queremos dejar este apartado dedicado a las subvenciones sin antes referirnos brevemente a la existencia de un par de ellas:

E) *Ayudas a la conservación de negativos y soportes originales*

No es una ayuda a la producción sino, tal y como su nombre bien indica, a la conservación. Su finalidad es, pues, la de conservar en España negativos y soportes originales de películas españolas. Por ello, el ICAA puede llegar a subvencionar hasta el 50% del coste de realización de interpositivos e internegativos siempre y cuando el productor de la película se comprometa fehacientemente a no exportar el negativo en 10 años.

Reproducimos el modelo oficial para su solicitud a fin de que pueda conocerse cómo solicitarla y qué debe presentarse:

ANEXO XI

AYUDA PARA LA CONSERVACIÓN DE NEGATIVOS Y SOPORTES ORIGINALES

Don/Doña .... NIF .... en su calidad de ....
del empresa cinematográfica ...................................C.I.F/N.I.F ...., con domicilio en.......................... calle ....núm. ...., C.P. .... teléfono .... fax .... inscrita en el Registro de Empresas Cinematográficas y Audiovisuales con el número .... Sección ....

EXPONE: Que, como productor/titular de los derechos de la película española titulada ...., desea optar a la ayuda a la conservación de negativos y soportes originales prevista en el Capítulo VI, Artículo 18 del Real Decreto 526/2002 de 14 de junio.

A tal efecto, acompaña la documentación, que al dorso se relaciona, junto con los certificados siguientes:

- Certificado acreditativo del cumplimiento de las obligaciones tributarias expedido por la Agencia Tributaria a efectos de subvenciones y con carácter positivo, o autorización a este Organismo para requerir en su nombre el citado certificado.
- Certificado acreditativo del cumplimiento de las obligaciones para con la Seguridad Social, Régimen General y de Artistas, expedido por la Oficina correspondiente o, en su caso, declaración firmada de no estar obligados a su pago.
- Para las Sociedades: Último recibo de pago del Impuesto de Actividades Económicas o declaración de su exención.

SOLICITA: Que, de acuerdo con la convocatoria del año en curso se le conceda la ayuda citada.

En ...., a .... de .... de 200 ....
Fdo:

(La solicitud tiene que ser suscrita por el representante legal de la empresa).

Nota 1: En caso de más de un solicitante, cada uno deberá cumplimentar un impreso.

Nota 2: Los datos de carácter personal recogidos en esta solicitud y los documentos que deben acompañarla serán incorporados y tratados en el fichero SOLICITANTES INTERPRETES Y SUBVENCIONES cuya finalidad es la tramitación de expedientes, el control de la tramitación y el conocimiento de datos sobre los profesionales de las películas para la concesión de subvenciones y la calificación de las películas. El órgano responsable del fichero es la Subdirección General de Fomento de la Industria Cinematográfica y Audiovisual del Instituto de la Cinematografía y de las Artes Audiovisuales ante el que el interesado podrá ejercitar, debidamente identificado, los derechos de acceso, rectificación, cancelación y oposición, en la dirección Plaza del Rey, 1 28004-Madrid, todo lo cual se informa en cumplimiento del artículo 5 de la Ley Orgánica 15/1999, de 13 de diciembre de Protección de Datos de Carácter Personal.

SR. DIRECTOR GENERAL DEL INSTITUTO DE LA CINEMATOGRAFÍA Y DE LAS ARTES AUDIOVISUALES.
MINISTERIO DE CULTURA. MADRID.

REVERSO ANEXO XI

A) PARA PELÍCULAS CON NEGATIVO CONVENCIONAL

- Documento público de compromiso de conservar en España el negativo de la película o un duplicado de éste en el caso de coproducciones con participación española minoritaria, con indicación del laboratorio donde se encuentra depositado. En caso de varios ostentadores de los derechos, el compromiso debe efectuarse de forma solidaria.
- Facturas acreditativas del coste de reproducción del interpositivo e internegativo de imagen y de dos negativos de sonido de la película.
- Certificado de depósito del interpositivo de imagen y de un negativo de sonido en la Filmoteca Española o Filmoteca de la Comunidad Autónoma competente.
- Documento acreditativo de la adquisición de los derechos de explotación de la obra cinematográfica y del negativo, en el caso de que el solicitante no sea el productor de la película.

B) PARA PELÍCULAS CUYO NEGATIVO DE IMAGEN HAYA SIDO OBTENIDO ÍNTEGRAMENTE MEDIANTE LA TRANSCRIPCIÓN O SOPORTES FOTOGRÁFICOS DE UN ORIGINAL ELECTRÓNICO EDITADO:

- Documento acreditativo de la adquisición de los derechos de explotación de la obra, en el caso de que el solicitante no sea productor de la misma.
- Facturas correspondientes a la reproducción de dos negativos de imagen y dos de sonido.
- Certificado de depósito en la Filmoteca Española o en la Filmoteca de una Comunidad Autónoma de la segunda reproducción de imagen y de la segunda reproducción de sonido, obtenidas ambas desde los mismos originales electrónicos y por idénticos sistemas.

NOTA: Además de la documentación citada se deberá presentar para ambos supuestos (A y B):

- Declaración expresa de que los datos relativos a la personalidad jurídica y representación con la que actúe el solicitante no ha sufrido modificación con respecto de los ya existentes en el Registro de Empresas, o, en otro caso, documentación suficiente que acredite las modificaciones sobre dichos extremos (Art. 16, C de la Orden CUL/3928/2006, de 14 de diciembre).
- Declaración de no estar incurso en ninguna de las situaciones de exclusión del artículo 13.2 de la Ley 38/2003 de 17 de noviembre, General de Subvenciones.
- Declaración de no ser deudor por resolución de procedimiento de reintegro de subvenciones anteriores (Art. 25 del Real Decreto 887/2006, de 21 de julio).
- Certificado acreditativo del cumplimiento de las obligaciones Tributarias expedido por la Agencia Tributaria a efectos de subvenciones y con carácter positivo. (Sólo en caso de denegar la autorización a este Organismo para requerir en su nombre el citado certificado).

- Certificado acreditativo del cumplimiento de las obligaciones para con la Seguridad Social, Régimen General y de Artistas, expedido por la Oficina correspondiente, o, en su caso, declaración firmada de no estar obligados a su pago, o autorización a este Organismo para requerir en su nombre el citado certificado.
- Para las Sociedades: Último recibo de pago del impuesto de Actividades Económicas o declaración de su exención.
- Declaración expresa informando de otras ayudas, en su caso, solicitadas o concedidas para la misma actividad.

F) *Ayudas al desarrollo de guiones para películas de largometraje*

Esta es una ayuda destinada al autor. Al contrario que el resto de subvenciones que hemos visto hasta ahora, que iban dirigidas a la empresa productora, la que nos ocupa ahora se destina al guionista persona física. Concretamente, pueden optar a ella:

– Cualquier autor individual de nacionalidad española o nacional de estados miembros de la Unión Europea con residencia en España.

– Que desarrolle un guión original de ficción. No se acepta la adaptación.

En la Resolución que convoca estas ayudas para el año 2008, se establece que la cantidad máxima otorgable es de 24.000 € por proyecto.

Debe presentarse la solicitud en modelo oficial acompañada de una serie de documentación adicional referida, sobre todo, al proyecto en desarrollo.

Éste es el modelo oficial y la información que se demanda:

ANEXO VIII

DESARROLLO DE GUIONES
AUTOR

Don/Doña.. NIF, ... con domicilio en ....,
calle .... núm. .... C.P............ teléfono,.............. FAX ....
EXPONE: Que desea optar a una ayuda de las previstas en el artículo 13 del Real Decreto 526/2002, de 14 de junio, para el desarrollo del guión de la película de largometraje titulada ....
.... para cine o televisión (táchese lo que no proceda).
A tal efecto, acompaña la siguiente documentación:
- Historial profesional del autor.
- Sinopsis argumental.
- Tratamiento secuenciado del proyecto de guión, con una extensión mínima treinta folios a doble espacio.
- Declaración de que dicho proyecto no ha sido desarrollado en un guión, suscrita por el autor.
- Memoria explicativa, suscrita por el autor.
- Declaración de no estar incurso en la incompatibilidad prevista en el artículo 61 de la Orden reguladora de la ayuda, suscrita por el autor.
- Documentos que acrediten, en su caso, el compromiso de realización de una producción basada en el guión, por parte de empresas productoras de cine o de televisión.

- Declaración expresa de no estar incurso en ninguna de las situaciones que contempla el artículo 13.2. de la Ley 38/2003, de 17 de noviembre, General de Subvenciones.
- Certificado acreditativo del cumplimiento de las obligaciones tributarias expedido por la Agencia Tributaria a efectos de subvenciones y con carácter POSITIVO, autorización a este Organismo para requerir en su nombre el citado certificado.
- Certificado acreditativo del cumplimiento de las obligaciones para con la Seguridad Social expedido por la Oficina correspondiente, o declaración de su exención, o autorización a este Organismo para requerir en su nombre el citado certificado.

SOLICITA: que, previa la tramitación pertinente, le sea concedida la citada ayuda.

En, ... a ...., de ....,de 200 ......

Fdo: ....

Nota 1: Si la ayuda se solicita conjuntamente por uno o varios autores, cada uno de ellos deberá cumplimentar su solicitud.

Nota 2: Los datos de carácter personal recogidos en esta solicitud y los documentos que deben acompañarla serán incorporados y tratados en el fichero SOLICITANTES INTERPRETES Y SUBVENCIONES cuya finalidad es la tramitación de expedientes, el control de la tramitación y el conocimiento de datos sobre los profesionales de las películas para la concesión de subvenciones y la calificación de las películas. El órgano responsable del fichero es la Subdirección General de Fomento de la Industria Cinematográfica y Audiovisual del Instituto de la Cinematografía y de las Artes Audiovisuales ante el que el interesado podrá ejercitar, debidamente identificado, los derechos de acceso, rectificación, cancelación y oposición, en la dirección Plaza del Rey, 1 28004-Madrid, todo lo cual se informa en cumplimiento del artículo 5 de la Ley Orgánica 15/1999, de 13 de diciembre de Protección de Datos de Carácter Personal.

SR. DIRECTOR GENERAL DEL INSTITUTO DE LA CINEMATOGRAFÍA Y DE LAS ARTES AUDIOVISUALES. MINISTERIO DE CULTURA. MADRID.

NOTA: Además de la documentación citada se deberá presentar:
- Fotocopia del documento de identidad del guionista solicitante, en el caso de que no se preste el consentimiento para la verificación de los datos a través del sistema de verificación de datos (R.D. 522/2006, de 28 de abril), que figura en el anexo de la Resolución de 26 de diciembre del Instituto de la Cinematografía y de las Artes Audiovisuales, por la que se convocan las ayudas.
- Declaración de no ser deudor por resolución de procedimiento de reintegro de subvenciones anteriores (art. 25 del Real Decreto 887/2006, de 21 de julio).
- A los beneficiarios cuyo domicilio se encuentre radicado fuera del territorio nacional y carezcan de establecimiento permanente en el mismo, les será de aplicación el artículo 42.3 y concordantes del Real Decreto 887/2006 de 21 de julio, por el que se aprueba el Reglamento de la Ley General de Subvenciones, debiendo aportar un certificado de residencia fiscal emitido por las autoridades competentes de su país de residencia.

Para la selección de los beneficiarios se nombra a un jurado, que evaluará los proyectos en función de la documentación presentada por el autor y atendiendo a los siguientes criterios: hasta un 20% se valorará el historial profesional del guionista, hasta un 50% la originalidad del guión, y hasta un 30% la calidad y viabilidad cinematográfica del mismo.

El pago de esta ayuda se hará efectivo de una sola vez a partir de la comunicación de su concesión y siempre que los beneficiarios hubieran presentado el último recibo del IAE o declaración de su exención y la documentación acreditativa de encontrarse al corriente de pago de sus obligaciones tributarias y con la Seguridad Social.

Las obligaciones originadas por la concesión y aceptación de esta ayuda son:
- Entregar el guión terminado en un plazo no superior a los nueve meses desde la comunicación de la concesión de la ayuda. El incumplimiento de este requisito dará lugar a la devolución de toda la ayuda.
- A la recepción del guión terminado, el jurado emitirá un informe sobre su calidad. Si éste resulta negativo, el autor deberá devolver el 50% de la ayuda.

De los datos facilitados por el ICAA, extraemos que en el año 2007, se presentaron 386 solicitudes para esta ayuda al desarrollo, siendo beneficiarios quince guiones por un importe de 20.000 € cada uno de ellos.

Un productor debe saber que, además de las subvenciones a las que tenga acceso a nivel estatal, hay otra serie de ayudas institucionales que puede solicitar para completar la financiación de su proyecto. En función de las características del proyecto y de los requisitos exigidos para cada ayuda, optará por solicitar una u otra. Nos referimos a:

- *Ayudas internacionales.* Existen programas de la Comunidad Europea como Media o Eurimages, y otros de fomento del audiovisual iberoamericano como Ibermedia. Todos contemplan una gran variedad de subvenciones dependiendo del tipo de proyecto, la fase en que se encuentre o los países implicados en el mismo.

- *Ayudas autonómicas.* Las comunidades autónomas ofrecen ayudas para el fomento de la producción audiovisual de su comunidad. Es por ello por lo que están dirigidas a aquellas empresas con sede social en la comunidad de que se trate. Ejemplos de estas subvenciones son las que anualmente convoca el Institut Català de les Indústries Culturals, la Junta de Andalucía, el Gobierno Vasco, la Xunta de Galicia o la Generalitat Valenciana, entre otros. Como hemos apuntado, la función principal de estas ayudas es fomentar la producción audiovisual en esa comunidad autónoma. De modo que, por ejemplo, una productora con domicilio social en Catalunya no podrá optar a las ayudas convocadas por la Junta de Andalucía, del mismo modo que una productora andaluza no tendrá acceso a las ayudas del ICIC catalán.

   Sin embargo, podemos hablar de una excepción a esta norma: la coproducción. ¿Cómo es posible, siguiendo con el ejemplo anterior, que una productora catalana se beneficie de una subvención proporcionada por la Junta de Andalucía? Porque las empresas productoras catalana y andaluza coproducen el proyecto y, aunque el dinero del Gobierno Autonómico será desembolsado a la productora radicada en su comunidad, al fin y al cabo se destinará al proyecto que pertenece a ambas empresas.

Hablaremos de la coproducción con detalle más adelante en otro apartado de este libro.

- *Ayudas locales.* Como podrían ser las de los ayuntamientos o diputaciones.

2.3.2. Las preventas a televisión

La preventa consiste en vender, antes de la realización de la obra audiovisual (de ahí que sea una preventa y no una venta) una serie de derechos a la televisión a cambio de una aportación económica que el productor invertirá en la producción de dicha obra.

Antes de abordar en profundidad el tema de la preventa, veamos cuál es en términos generales la estructura de la televisión en España.

– *Televisiones generalistas*, con cobertura en todo el territorio nacional. Destacan:
  - TVE1. Primera cadena pública de Televisión Española.
  - La 2. Segunda cadena pública de Televisión Española.
  - Tele 5.
  - Antena 3.
  - Cuatro.
  - La Sexta.
  - Digital +. Fruto de la fusión de Canal Satélite Digital y Vía Digital.

– *Televisiones autonómicas*. Operan en el territorio de su comunidad autónoma. Principalmente son:
  - Televisión de Catalunya (TVC) y El 33 emiten en Catalunya.
  - Euskal Irrati Telebista (ETB 1 y ETB2) son las cadenas para el País Vasco.
  - Televisión de Galicia (TVG) para Galicia.
  - Radio Televisión Autonómica Valenciana (RTVV) y Punt Dos para la Comunidad Valenciana.
  - Telemadrid para la Comunidad de Madrid.
  - Castilla-La Mancha Televisión (CMT).
  - Canal Sur y Canal 2 Andalucía para todo el territorio de Andalucía.
  - Televisión Autonómica de Canarias (TV Canaria) para las Islas Canarias.
  - Televisión de Aragón.

- Televisión de Extremadura.
- Televisión de Asturias.
- Televisión de las Islas Baleares.

Todas las televisiones autonómicas están agrupadas en la FORTA (Federación de Organismos de Radio y Televisión Autonómicos). Constituida en 1989, la FORTA tiene personalidad jurídica propia, aunque mantiene la independencia de las entidades que la conforman. Su misión principal, tal y como estipulan sus estatutos, es la cooperación y ayuda en el cumplimiento y desarrollo de sus atribuciones y en especial, para futuros acuerdos sobre derechos de propiedad intelectual, retransmisiones, intercambio de programas y servicios, participación de las organizaciones profesionales nacionales e internacionales de radio y televisión y, en general, cualquier acción referente a materia de interés común de los Organismos o Entidades asociadas de radiodifusión y televisión.

Puede accederse a la página www.forta.es para conocer más a fondo esta federación y, gracias a sus enlaces, visitar la página web de cualquiera de las televisiones autonómicas.

En España hay alrededor de 900 emisoras locales de televisión y gran diversidad de canales temáticos. Entre estos podemos nombrar a Calle 13 (canal de suspense y acción), Cinemanía, Canal Hollywood, Documanía, Estilo, Canal Cocina, 40TV (música las 24 horas del día) y así hasta llegar a los casi 80 canales temáticos españoles o con participación española en su producción.

En España, ninguna de estas televisiones es líder absoluto del mercado televisivo sino que, habitualmente, Televisión Española, Telecinco y Antena 3 van alternándose en el liderazgo de la audiencia con escasos puntos de diferencia en el *share*. Los programas estrellas de cada una de estas cadenas son los que suelen conseguir auparla a lo más alto.

No puede establecerse un modelo de financiación único para todas las producciones. Son muchas las variables que intervienen, tales como el presupuesto, la capacidad de la productora o el proyecto en sí. Sin embargo sí podemos hacer referencia a una serie de normas e incompatibilidades básicas en cuanto al tema de las preventas a las televisiones:

– Si se prevende un proyecto a una televisión generalista no se puede prevender a otra generalista. Pongamos un ejemplo: imaginemos que una productora ha conseguido que TVE participe en el proyecto. En este caso no podrá llevarle el mismo proyecto a Telecinco o Antena 3. La razón es simple: emiten en el mismo territorio y quieren evitar la competencia, de modo que al venderles el proyecto exigirán exclusividad para su emisión en el territorio de España.

- Puede prevenderse un proyecto a una televisión generalista y a una televisión autonómica. Pero ésta es una afirmación no exenta de excepciones. Por ejemplo, no habrá ningún problema en que el mismo proyecto lo adquiera la Televisión de Catalunya y una televisión generalista. Es cierto que la televisión generalista también emite en el territorio de Catalunya, pero TVC emitirá la obra en catalán mientras que la generalista se habrá reservado la exclusiva para emitir la obra en castellano. Y eso no es incompatible.

    Sin embargo, supongamos que hemos prevendido a Canal Sur (cuyas emisiones abarcan toda Andalucía) y pretendemos completar la financiación con una televisión generalista. Es muy posible que tengamos problemas porque Canal Sur abarca un territorio demasiado amplio y, por tanto, muy apreciado por las generalistas.

- Se puede prevender a varias autonómicas. Lo que ocurrirá es que, entonces, dificultaremos la participación de una generalista. Pero es posible que se consiga completar la financiación a través de varias autonómicas prescindiendo de una televisión generalista. Como cada una de las cadenas autonómicas emiten en su territorio, no supone incompatibilidad alguna entre ellas. En el caso de la participación de varias cadenas autonómicas, podríamos haber acudido a la FORTA o haber ido directamente a cada una de las autonómicas.

- Es posible que en un plan de financiación conste una generalista y Digital +, ya que Digital+ solo es accesible mediante pago. En este caso, Digital + tendrá derecho a emitir antes que la televisión generalista porque, ¿qué sentido tendría pagar por ver películas que ya has podido visionar anteriormente en un canal gratuito?

- Es compatible prevender el proyecto a una televisión internacional independientemente de a qué televisiones se haya prevendido en España.

Estas son solo algunas puntualizaciones sobre la financiación por preventas a las televisiones, pero existen más que deberán analizarse caso por caso según el plan de financiación que haya elaborado la productora para su proyecto.

Pero, ¿qué buscan las televisiones? y ¿por qué les interesa un proyecto y no otro? Un productor debería conocer el perfil de la programación de cada una de las televisiones para saber si encaja o no con el proyecto que él está desarrollando. Cada televisión tiene su política de adquisición de derechos de antena y puede que un proyecto interese a una cadena y no a otra/s.

Cuando una televisión recibe un proyecto procede a valorarlo en función de los siguientes criterios:

- *Calidad del contenido.* El guión será leído por expertos, que lo analizarán y emitirán un informe sobre el mismo. Los aspectos que tendrán en cuenta serán relativos, exclusivamente, al contenido. Prestarán especial atención a si la historia está bien estructurada, con su trama, subtramas, actos y puntos de inflexión necesarios; si los personajes están bien construidos y poseen un arco transformacional; si los diálogos enriquecen a los personajes y los diferencian unos de otros; si cada una de las secuencias hace avanzar la historia; o si el final queda resuelto satisfactoriamente.

  Con esta valoración también se analiza si el proyecto encaja o no con el perfil de la cadena, es decir, con el *target* de audiencia de esa televisión. Puede darse el caso de que el guión sea valorado muy positivamente pero el proyecto se dirija a un tipo de público muy diferente al habitual de la cadena; o que la cadena simplemente no esté interesada en ese tipo de contenido, aunque sea una gran historia y bien contada.

- *Viabilidad del proyecto.* ¿Qué determina que un proyecto sea o no viable? Podemos resumirlo diciendo que para que un proyecto sea viable, primero, debe quedar asegurada la realización del mismo y, después, debe tener una rentabilidad. Concretemos un poco más:

  - La cadena quiere saber con total seguridad que su participación no va a caer en saco roto sino que la película va a hacerse. Por tanto, no es lo mismo presentar un proyecto que no cuenta todavía con ninguna fuente de financiación a presentarlo cuando resta poco para completar los recursos financieros que necesita para hacerse. En este segundo caso, el proyecto tiene mayores garantías de llevarse a buen término. Involucrarse en un proyecto sin garantías de que vaya a producirse es un riesgo que las televisiones no están dispuestas a asumir.

    En este sentido, está muy valorado que el proyecto cuente con una distribuidora consolidada y solvente que garantiza su posterior distribución en las salas cinematográficas.

    Y pese a que estamos haciendo hincapié en la viabilidad que tiene que ver con la financiación, también el proyecto tiene que ser viable respecto al personal que debe realizarla. Si, a modo de ejemplo, estamos hablando de una película que tiene una fotografía muy característica y compleja, es muy probable que a la televisión no le dé mucha seguridad un director de fotografía novel.

  - La rentabilidad de una película se mide principalmente por su rendimiento económico. Pero no siempre es así: es posible que una película no haya sido especialmente valorada por el público en la taquilla pero, sin embargo, ha obtenido un gran reconocimiento por parte de la crítica y en festivales. En este caso, también estamos frente a una película rentable puesto que, pese a no obtener grandes beneficios económicos, este filme contribuye a añadir valor a la marca de la cadena.

- *Personal artístico y técnico que participa en el proyecto.* Éste es un aspecto al que se le concede considerable importancia. Entra en juego el *star system* (nacional e internacional). Pongámonos en la piel de la cadena: ¿le damos el mismo valor al proyecto si el actor protagonista es Javier Bardem o un actor desconocido? La respuesta es evidente, y la televisión se mostrará siempre mucho más interesada en proyectos en los que participen actores conocidos. Igualmente, la participación de la televisión en el proyecto será mucho más factible si el director es, por ejemplo, Iciar Bollaín o Álex de la Iglesia, en lugar de un nuevo realizador. Sobra decir que el contar con actores o directores conocidos no significa, obviamente, que sean necesariamente mejores que los desconocidos pero debemos reconocer que revalorizan el proyecto porque le proporcionan un valor añadido muy apreciado por las televisiones. También es cierto que, en un proyecto de estas características, con profesionales reconocidos, la aportación que se pedirá a las televisiones será superior a la que se demandaría si contásemos con profesionales no tan renombrados.

- *La productora.* Así como se le exige viabilidad al proyecto, también se le exige a la productora. Pongámonos de nuevo en la piel de la televisión: ¿quién nos dará más confianza: la productora que apenas ha hecho nada o una productora ya consolidada? Por supuesto, una productora ya consolidada merecerá mucha más credibilidad que una nueva. La experiencia es muy valorada y el productor debe ser consciente de ello, de modo que si su experiencia es poca deberá diseñar una estrategia que le permita suplir, de algún modo, esa carencia.

No podemos asegurar en qué mayor o menor medida son tenidos en cuenta todos estos criterios porque están totalmente interconectados. Sí es cierto que, en principio, el guión es el elemento que más peso debería tener. Pero, ¿qué televisión se negaría a participar en una película con un guión un poquito flojo pero cuya actriz es Penélope Cruz, en favor de otra con un excelente guión protagonizada por una actriz desconocida?

Las televisiones valoran un proyecto según su contenido, viabilidad, profesionales implicados y empresa productora.

Demos un paso más e imaginemos, ahora, que la televisión ha decidido participar en nuestro proyecto. Si es así, entre la televisión y la empresa productora se procederá a la firma de un contrato de compra de derechos de antena mediante el cual la televisión aporta al proyecto una determinada cantidad de dinero y la empresa productora, a cambio, le cede determinados derechos.

Los principales aspectos que recoge este contrato son:

- *Objeto del contrato.* Su objeto es la cesión de determinados derechos a la televisión. En el caso de una preventa suelen cederse los derechos de reproducción, de comunicación pública y de disposición al público.

  En el cuerpo del contrato deberá haber una relación exhaustiva de qué ámbito abarcan estos derechos. En el caso, por ejemplo de la comunicación pública, habrá que concretar si la cesión es para la televisión abierta y/o gratuita (analógica y/o digital), televisión de pago, para su emisión por ondas terrestres, cable o vía satélite.

  Además, con toda seguridad, se tratará de una cesión en exclusiva, lo cual significa que la productora se compromete a que los derechos que ha cedido a esa cadena de televisión no puede cederlos a ningún otro tercero. La finalidad de la exclusividad es evitar la competencia.

- *Territorio.* Dónde puede emitir la televisión el audiovisual que precompra. Si se trata de una televisión generalista, el territorio será España. En el caso de una autonómica hablaremos del territorio de la comunidad autónoma. De todos modos no hay que olvidar el satélite, ya que si la difusión es vía satélite, se demanda todo el mundo.

  En la cláusula dedicada al ámbito territorial habrá, pues, que concretar el territorio para el cual se ceden los derechos. Podría ser que diferentes derechos fueran cedidos para su explotación en territorios diferentes.

- *Plazo de vigencia y número de actos.* En esta cláusula se especifica a partir de cuándo la televisión puede empezar a emitir el audiovisual que está comprando y hasta cuándo puede hacerlo.

  Se negociará según las distintas ventanas de explotación de la obra.

  También se determinará el número de pases que la televisión puede hacer de la obra. El acuerdo puede cerrarse en un número fijo o en pases indefinidos.

- *Precio.* Cuánto se pagará por la preventa y en qué plazos será abonado a la productora. Debemos tener en cuenta tres aspectos:

  • Cada televisión tiene su modelo de contrato con unas determinadas formas de pago preestablecidas e iguales para todos, pero que son, en mayor o menor medida modificables, en función del caso concreto, de la habilidad y experiencia del productor y de la flexibilidad de la cadena a los cambios.

- No es habitual que se abone ninguno de los pagos antes del inicio de la producción y solo se recibe una parte cuando se está produciendo la película. Esto significa que una parte muy importante del total se abona a la productora a la entrega de materiales e, incluso, al inicio del periodo de disponibilidad de los derechos. La consecuencia principal de esta política de pagos es que el productor suele verse obligado a descontar el importe del contrato a través de una entidad bancaria, con todos los gastos que ello implica. De este modo, la entidad financiera avanza el importe del contrato (si se le han ofrecido las garantías suficientes y no habitúa a hacerlo por el importe total del contrato) y con ese dinero se financia la producción. Una vez la televisión abona el precio, éste anula directamente el crédito que se haya pedido.

- El precio puede constar de un fijo y un variable. El fijo es el grueso del precio, mientras que el variable depende normalmente del taquillaje que haya hecho la película en salas (aunque se especifica un tope más allá del cual aunque la película haga más dinero, la productora no cobra más).

– *Entrega de materiales.* Se enumeran una serie de materiales que deberá entregar la productora a la televisión y se especifica en qué fecha será dicha entrega. Asimismo, se acuerda una indemnización a abonar por parte de la productora en caso de no poner a disposición de la televisión los materiales en la fecha acordada.

– *Títulos de crédito.* Mediante esta cláusula, la televisión indica cómo quiere figurar en los títulos de crédito de la película y la productora adquiere el compromiso de hacerla constar de ese modo que se ha pactado.

– *Incumplimientos.* Se relacionan las posibles causas de resolución del contrato y sus consecuencias.

2.3.3. Recursos propios

Los recursos propios no suelen constituir la fuente principal de financiación de un proyecto sino que ayudan a completarla.

Entendemos por recursos propios todos aquellos medios que provienen de la productora y que los destina a la financiación del proyecto audiovisual. Pueden ser económicos o no.

Distinguimos los siguientes:

- *Aportaciones económicas.* Es el aporte dinerario que el productor invierte en la realización de la obra y que proviene del capital de la empresa productora. Dependiendo del volumen de la productora, de su situación financiera y del riesgo que quiera o pueda asumir el productor, esta aportación será mayor o menor.

- *Pagos diferidos.* Según las relaciones comerciales que mantenga el productor con sus proveedores, estos tal vez le permitan pagar algunos meses después de realizada la película. Este hecho le supone un importante beneficio teniendo en cuenta que el productor, como hemos dicho, muy a menudo recibe el dinero de sus fuentes de financiación con posterioridad a la producción de la película.

- *Recursos humanos y materiales.* Son tanto las personas como los materiales que la productora aporta a la obra y cuyo coste no repercute en la misma. Nos referimos, por ejemplo, a un director de producción fijo en la plantilla de la empresa o a una cámara o material de iluminación propiedad de la productora.

- *Capitalización de sueldos.* Cada una de las personas que interviene en la realización de un audiovisual tiene asignado un sueldo en el presupuesto. Si conseguimos que alguna/s de esta/s persona/s destine parte de su sueldo a la producción de la película, decimos que lo está capitalizando. Pongamos un ejemplo muy clarificador: el productor decide no cobrar hasta el momento en que la película esté realizada y dé beneficios. Hay, pues, una partida de presupuesto para la cual no necesitamos conseguir financiación porque nos la ahorramos. De modo que la cantidad de dinero que necesitamos para nuestro proyecto es menor. Podemos equiparar el conseguir capital con el tener que pagar menos.

  Hemos hablado del productor pero la capitalización puede hacerse con cualquier actor o técnico.

  De hecho, esto es algo que suele hacerse en todos los cortometrajes.

  La capitalización no significa, sin embargo, que se elimine la obligación de pagar sino que se pacta que se le abonará más adelante. O puede dársele un porcentaje del copyright de la obra audiovisual y, cuando ésta dé beneficios y se proceda al reparto de los mismos, quien haya capitalizado su sueldo recibirá el importe que le corresponda según el porcentaje que ostente en el audiovisual.

  Debemos anotar que quien capitaliza asume también un riesgo, ya que habitúa a condicionar el pago a los beneficios de la película y nadie puede asegurar estos. Claro que puede obtener otros beneficios: si es un productor, sacar adelante un proyecto. Si es un actor, interpretar un papel que no le habían ofrecido hasta el momento...

2.3.4. El *product placement*

El *product placement* consiste en insertar un producto, marca, servicio o actitud en el producto audiovisual con el fin de darle a éste publicidad a cambio de una contraprestación.

De esta definición extraemos sus características:

- Implica una presentación voluntaria y consciente de un producto, marca, servicio o actitud en el audiovisual.
- Tiene voluntad de publicitar el audiovisual.
- Se realiza a cambio de una remuneración.

Su objetivo es captar la atención del espectador, consiguiendo así la máxima efectividad en la rentabilidad de lo publicitado.

Para el productor, el *product placement* puede suponer una fuente importante de financiación para la obra audiovisual. No obstante debe estudiarla con cuidado, de un lado para que no le conlleve problemas con las televisiones y, de otro, para que su aparición esté justificada en la obra.

Existen diferentes tipos de *product placement*:

A) Activo

- *De manipulación:* por ejemplo, un personaje conduce un Mercedes-Benz.
- *De declaración:* un personaje dice que se va a comprar un Mercedes-Benz.

B) Pasivo

- *Colocación:* un personaje caminando por la calle ve un Mercedes-Benz.

Alguna teoría extremista considera que el *product placement* es ilícito. Mayoritariamente se considera un fenómeno alegal no regulado en nuestra legislación, aunque sí tratado en doctrina.

No debe confundirse con la publicidad subliminal, que sí está considerada ilícita y es aquélla que pasa desapercibida al ojo humano y se dirige al subconsciente.

No obstante, sí es posible que el *product placement* pudiera incurrir en cualquiera de estas tipologías: publicidad engañosa, publicidad encubierta o publicidad prohibida, figuras a las que alude la siguiente legislación:

La Ley 34/1988, General de Publicidad:

Art. 4: "Es engañosa la publicidad que de cualquier manera, incluida su presentación, induce o puede inducir a error a sus destinatarios, pudiendo afectar a su comportamiento económico, o perjudicar o ser capaz de perjudicar a un competidor..."

La Ley 25/1994 (directiva 89/552/CEE):

Art. 3 c) "Publicidad encubierta, aquella forma de publicidad que suponga la presentación verbal o visual, de forma no esporádica u ocasional, de los bienes, servicios, nombre, marca o actividades de un fabricante de mercancías o de un empresario de servicios en programas en que tal presentación tenga, de manera intencionada por parte de la entidad que preste el servicio de público de televisión, propósito publicitario y pueda inducir al público a error en cuanto a la naturaleza de dicha presentación.

La presentación de los bienes, servicios, nombre, marca o actividades se considerará intencionada, y por consiguiente tendrá el carácter de publicidad encubierta, si se hiciere a cambio de una remuneración, cualquiera que sea la naturaleza de ésta.

No tendrá esta consideración aquella presentación que se haga en acontecimientos abiertos al público organizados por terceras personas y cuyos derechos de emisión televisiva se hayan cedido a una entidad que preste el servicio público de televisión."

La Ley 22/1999 (directiva 97/36/CEE):

Art. 3 d) "Publicidad encubierta, aquella forma de publicidad que suponga la presentación verbal, visual o sonora, dentro de los programas, de los bienes, los servicios, el nombre, la marca, la actividad o los elementos comerciales propios de un empresario que ofrezca bienes y servicios y que tenga, por intención del operador de televisión, propósito publicitario y pueda inducir a error en cuanto a su naturaleza.

En particular, la presentación de los bienes, los servicios, el nombre, la marca las actividades o los elementos comerciales propios de un tercero se considerará intencionada y, por consiguiente, tendrá el carácter de publicidad encubierta, si se hiciese a cambio de una remuneración, cualquiera que sea la naturaleza de ésta.

No tendrá esta consideración la presentación que se haga en acontecimientos abiertos al público organizados por terceras personas y cuyos derechos de emisión televisiva se hayan cedido a un operador de televisión, cuando la participación de este último se limite a la mera retransmisión del evento y sin que se produzca una desviación intencionada para realzar el carácter publicitario."

El contrato de *product placement*

En el contrato de *product placement* es imprescindible que queden recogidos los siguientes extremos básicos:

- *Identificación de las partes.* Quiénes son, dónde están y en qué representación actúan.
- *Objeto del contrato.* Éste es la inclusión de un producto en un audiovisual, lo que implica la comercialización de unidades de espacio.
- *Cláusula de exclusividad.* La empresa que contrata el *product placement* debe asegurarse que será la única marca que aparecerá en el programa (frente a otras del mismo sector).
- *Apariciones del producto.* Cuándo, cuánto, en qué escenas y en qué condiciones.
- *Contraprestación.* Qué recibirá la productora a cambio de insertar el producto en el audiovisual.

Además de las cláusulas mencionadas pueden incluirse otras tales como el compromiso de actitud favorable, derecho preferente en caso de continuidad de la serie, reemisión de la serie, adecuación al guion o cesión del producto.

2.3.5. El *merchandising*

El *merchandising* audiovisual hace referencia a aquel contrato mediante el cual el titular de una obra audiovisual licencia, a cambio de una remuneración, el uso de un elemento de dicha obra a un tercero como reclamo de venta de un producto o servicio.

De aquí extraemos:

- Que hay una fabricación, distribución y/o venta de productos y/o servicios.
- Que estos productos y/o servicios están basados en personajes, situaciones, tramas, actores, marcas, etc.
- Que tienen como reclamo una obra o grabación audiovisual.

Existen distintas clases de *merchandising* que dividimos en:

A) *Merchandising* de propiedad intelectual

Este tipo de *merchandising* gira alrededor del guión, la música, los personajes, los fotogramas, la versión en dibujos animados, etc., de la obra audiovisual.

Su regulación jurídica la encontramos en el Real Decreto Legislativo 1/1996, de 12 de abril, por el que se aprueba el Texto Refundido de la Ley de Propiedad Intelectual.

En este sentido, es importante recordar que el artículo 87 de dicho cuerpo legal, especifica que son autores de la obra audiovisual el director-realizador, los autores del argumento, la adaptación y los del guión o los diálogos, así como el compositor. Es por ello imprescindible prever en los contratos de estos autores la utilización de sus creaciones para el *merchandising* de la obra audiovisual.

Veamos un ejemplo de este tipo de *merchandising*:

B) *Merchandising* de marca

Para este tipo de *merchandising* la productora debe registrar como marca los elementos que considere identificadores de la obra audiovisual como habitúan a ser el título y el logo. Con ellos crea el portafolio de marcas.

Es necesario inscribir la marca en la Oficina Española de Patentes y Marcas, en alguna o varias de las 42 clases del nomenclátor internacional porque sin registro no hay marca.

La marca podrá ser, entonces, incorporada a productos tales como camisetas, gorras, mochilas y un largísimo etcétera.

La regulación jurídica de este tipo de *merchandising* debe buscarse en la Ley 17/2001, de 7 de diciembre, de marcas.

Un ejemplo de *merchandising* de marca es el siguiente:

C) *Merchandising* de imagen

Es la Ley 1/1982 de honor, intimidad y propia imagen la referencia en la regulación jurídica de este *merchandising*. En ella se define la imagen como "la representación gráfica de la figura humana mediante un procedimiento mecánico o técnico de reproducción". Por tanto, sus características son:

- Es un derecho fundamental y personalísimo.
- El titular es siempre la persona física. Los animales, bienes o dibujos animados no tienen derecho a la propia imagen.
- Puede cederse su contenido patrimonial.

Es imprescindible que para el *merchandising* de imagen los actores hayan cedido a la productora sus derechos de imagen para esta actividad.

Ponemos un ejemplo:

D) El contrato de *merchandising*

En el contrato de *merchandising* deben quedar recogidos los siguientes extremos:

- *Identificación de las partes.* Estas son:

    a) De un lado, la productora audiovisual que actúa como licenciante y titular de los derechos, bien de propiedad intelectual (fotogramas, personajes, etc.), bien de marca o de imagen de los actores.

    b) La empresa licenciataria que estará cualificada para fabricar, distribuir y vender los objetos de *merchandising*.

- *Objeto del contrato:* es la cesión del derecho de uso de: la marca (derecho de marcas), un fotograma de la película (derecho de propiedad intelectual) o la imagen (derecho a la propia imagen).

- *Cláusula de exclusividad:* determinación de si la cesión es o no en exclusiva.

- *Ámbito geográfico y temporal:*

    a) Dónde se pueden vender los objetos, especificar el territorio.

    b) Durante cuánto tiempo: puede ser por un tiempo determinado o hasta que se comercialice la totalidad de un número determinado de objetos.

- *Contraprestación:* el licenciante puede recibir:

    a) Una cantidad fija.

    b) *Royalties*.

    c) Un fijo + *royalties*.

    Y estas cantidades pueden determinarse:

    a) sobre el precio de venta final, o

    b) sobre el precio de venta final menos un porcentaje de distribución.

- *Condiciones de comercialización:* como podrían ser el establecimiento de los puntos de venta, el número mínimo o máximo de objetos a vender, cualquier tipo de restricción en la venta...

- *Entrega de materiales:* la productora se compromete a entregar al licenciatario aquellos materiales que necesita para hacer efectivo el *merchandising*.

- *Cesión de derechos:* la productora debe garantizar la titularidad pacífica de los derechos cedidos, no haber cedido los derechos con anterioridad a una tercera persona y la exclusividad temporal y territorial pactada (en caso de haberse acordado).

- *Promoción y publicidad:* deben quedar fijadas por las partes en el contrato las condiciones de publicidad y promoción en los diferentes medios: televisión, prensa, radio, Internet...

2.4. LAS COPRODUCCIONES

2.4.1. Definición y características

Definimos la coproducción como aquel fenómeno a través del cual dos o más entidades se unen aportando, cada una de ellas, determinados medios para la producción de una película.

De esta definición extraemos varios rasgos propios de la coproducción:

- *Interviene más de una entidad.* Y ¿por qué hablamos de entidad y no de empresas de producción? Porque un coproductor no tiene por qué ser necesariamente una productora. Podría ser una televisión e, incluso, una persona física. Así pues, se requieren un mínimo de dos "entidades", sean cuales fueren éstas, para poder hablar de coproducción. Pero, si bien existe un número mínimo para la existencia de este fenómeno, no hay un tope máximo, pudiendo haber tantos coproductores como sea necesario. En estos casos hablamos de coproducciones tripartitas, cuatripartitas, etc.

- La coproducción *puede ser nacional o internacional,* o ambas a la vez. Es nacional si quienes coproducen están en el mismo país. Es internacional si se coproduce entre distintos países.

- *Cada uno de los coproductores debe hacer determinadas aportaciones* a la película. Estas aportaciones pueden revestir formas distintas: dinero, material, personal técnico o artístico. Su elección dependerá de las necesidades de la película y de los acuerdos tomados entre las partes.

El fenómeno de la coproducción se ha afianzado con fuerza en el panorama audiovisual español y cada vez se coproduce más, tanto nacional como internacionalmente. Las cifras corroboran esta afirmación. En el año 2007 se coprodujeron 57 largometrajes a nivel internacional frente a los 41 de 2006.

Las razones para querer coproducir, principalmente, son éstas:

1. *Proporciona una apertura a nuevos mercados.* En dos sentidos:

- Permite acceder a mercados que serían de difícil acceso si no mediara la coproducción. Pongamos un ejemplo para entenderlo mejor: imaginemos una productora española que, en su plan de financiación, cuenta con conseguir una aportación de Francia. ¿Sería posible que esa productora española obtuviera ese aporte económico acudiendo sin mediación de una productora francesa a los canales de financiación franceses? Muy probablemente no. En cambio, si como paso previo a presentar su proyecto a estos canales franceses, hubiera buscado un coproductor francés y fuese éste el que acudiera a sus propios canales, las posibilidades de obtener una respuesta positiva serían muchísimo más elevadas. La razón es sencilla: cada país quiere potenciar su audiovisual nacional y no el de otros países, de modo que si se consigue hacerle ver que el aporte que proporciona a la película no se destina a una producción extranjera sino a una producción de su país con una coproductora extranjera, se abre una vía de entrada a conseguir su participación.

  Y si nos referimos a las coproducciones nacionales sucede lo mismo: si una productora madrileña quisiera contar con la participación, por ejemplo, de la televisión vasca, sería muy probable que necesitase la intervención en su proyecto de una productora vasca. No obstante, y pese a ser ésta la normal general, no hay que dejar de decir que puede haber excepciones.

- Facilita que una productora recién constituida entre en el mercado. Cuando una productora se constituye es evidente que no tiene en su haber experiencia, de modo que a no ser que su productor sea un profesional reconocido, tendrá serias dificultades para acceder al mercado audiovisual. De este modo, deberá pensar seriamente en coproducir con otras productoras que sí tengan acceso a dicho mercado y puedan facilitárselo. Aunque, al igual que hemos indicado en el apartado anterior, existen excepciones a esta norma. Es posible que una televisión considere que una nueva productora es capaz de encargarse de la producción de una determinada película, normalmente una película de bajo presupuesto, pero, ¿confiaría en una productora nueva, sin experiencia y que pretende levantar un proyecto de muchos millones de euros? La respuesta es no.

2. *Compartir los riesgos.* Cuando se coproduce, se dividen los riesgos entre los distintos coproductores, de modo que el riesgo que asume cada coproductor es menor al que se vería obligado a responder en caso de ser él el único productor de la película.

3. *Acceso a determinadas ayudas de fomento a la coproducción* entre los distintos países. Algunas son:

a) *MEDIA*. El programa MEDIA es una iniciativa de la Comisión Europea cuyo objetivo es el apoyo al sector audiovisual europeo. Este apoyo se dirige a los ámbitos de formación, desarrollo, distribución y promoción. Puede encontrarse cuanta información se desee en la página web *www.mediadeskspain.com*

b) *MEDEA*. Programa que parte de la iniciativa de la Consejería de Cultura de la Junta de Andalucía y cuenta con el apoyo de la Comisión Europea. Fue creado para estimular y fomentar la industria audiovisual euro mediterránea, ayudando al desarrollo de proyectos audiovisuales y de medidas complementarias de formación audiovisual. Se puede ampliar esta información en su página web *www.programamedea.com*

c) *Eurimages*. Es un fondo creado por el Consejo de Europa para ayudar a la coproducción, distribución y explotación de obras cinematográficas europeas. Su objetivo es el de promover el cine europeo estimulando la producción y la circulación de obras y favoreciendo la cooperación entre profesionales. Se puede acceder a la web de Eurimages a través de la página del Consejo de Europa *www.coe.int*

d) *European Coproduction Fund* cuyo objetivo es promover la colaboración entre productoras británicas y otras productoras de la Unión Europea.

e) *Ibermedia*. Forma parte de la política audiovisual de la Conferencia de Autoridades Cinematográficas de Ibero América y tiene, entre otros objetivos, el de estimular la coproducción de películas para cine y televisión con países iberoamericanos. En la página web *www.programaibermedia.com* se encuentra toda la información sobre este programa.

2.4.2. El régimen legal de la coproducción y su aprobación

La legislación básica que regula el régimen jurídico de las coproducciones se encuentra en:

– Real Decreto 2062/2008 de 12 de diciembre por el que se desarrolla la Ley 55/2007, de 28 de diciembre, del Cine.

– Convenio Europeo sobre Coproducción Cinematográfica de 1992.

– Convenio de Integración Cinematográfica Iberoamericana, de 1989.

– Y los diversos convenios bilaterales que España tiene firmados con distintos países como Alemania, Argentina, Brasil, Cuba, Francia, Italia o Portugal, entre otros.

Pero, por su especial importancia y generalidad, vamos a hacer referencia a las normas para la realización de películas cinematográficas en coproducción con empresas extranjeras recogidas en el Capítulo VII del mencionado Real Decreto.

Antes de abordar este tema tenemos que diferenciar entre dos tipos de coproducciones:

1. *La coproducción pura.* Cuando existe una determinada aportación a cambio de un porcentaje en la titularidad de los derechos de la obra audiovisual.

2. *La coproducción financiera.* Cuando lo que se realiza es exclusivamente una aportación financiera a cambio de beneficios en la explotación o reservas de ventanas de explotación, pero no existe un intercambio de talento profesional. Para este tipo de coproducciones, el Real Decreto concreta una serie de estipulaciones a las que nos referiremos más adelante.

El Real Decreto 2062/2008 en su artículo 32 prevé la necesaria aprobación provisional del proyecto de coproducción. Para conseguir dicha aprobación es necesario presentar al ICAA o a la comunidad autónoma competente la siguiente documentación:

– El documento que acredite la cesión del autor o autores del guión (suele ser el contrato de guionista) así como el documento acreditativo de la opción o cesión de la obra preexistente (contrato de opción o de adaptación audiovisual). También deberá adjuntarse la certificación que acredite la inscripción del guión en el Registro de la Propiedad Intelectual.

– Guión, plan de rodaje y presupuesto de la película.

– Listado con los nombres de los equipos de los técnicos y artistas que prestarán sus servicios en la obra.

– Contrato de coproducción donde deberán reflejarse los pactos referidos a las aportaciones de cada una de las partes, así como el reparto de mercados y beneficios de la película.

Esta documentación debe acompañarse del siguiente modelo de solicitud de aprobación:

MINISTERIO DE CULTURA
INSTITUTO DE LA CINEMATOGRAFÍA Y DE LAS ARTES AUDIOVISUALES
SOLICITUD DE APROBACIÓN PROYECTO DE COPRODUCCIÓN

D./Doña .... D.N.I./N.I.F ....
en su calidad de .... de la productora cinematográfica ....
.... CIF/NIF .... con domicilio en ....
.... Calle .... Nº .... CP ....
Teléfono .... Fax ...., inscrita en el Registro Administrativo de .... Empresas Cinematográficas con el número ....
Sección ....

EXPONE:

Que, teniendo previsto realizar en régimen de coproducción hispano-extranjera la obra audiovisual de
(1) .... (2) ....
largo/corto metraje, titulada en España: ....
en otros países : ....

SOLICITA:

Que, a la vista de la documentación que al dorso se relaciona, sea aprobado el proyecto de coproducción
       En .... , a .... de .... de 200...
Firmado:.

(1)   largometraje, cortometraje, película para tv, serie para tv.
(2)   de animación (indíquese si procede).

ILMO. SR. DIRECTOR GENERAL DEL INSTITUTO DE LA CINEMATOGRAFÍA Y DE LAS ARTES AUDIOVISUALES.
MINISTERIO DE CULTURA. MADRID.

DOCUMENTACIÓN

1. Documento acreditativo de la conformidad del autor o autores del guión o, en su caso, de la obra preexistente, y certificación acreditativa de si está o no inscrita en el Registro de la Propiedad Intelectual.
2. Guión de la película.
3. Plan de rodaje.
4. Presupuesto económico del proyecto en modelo oficial, desglosando los conceptos, partidas y capítulos por países.
5. Relación nominal de los componentes de los equipos de creación, técnicos especializados, artísticos y personal de servicios, con expresión de su nacionalidad. Se entiende por personal de creación a las personas que tengan la calidad de autor (autores de la obra preexistente, guionistas, directores, compositores), así como el montador jefe, el director de la fotografía, el director artístico y el jefe de sonido.
6. Contrato de coproducción, en el que se especificarán los pactos de las partes relativos a los diferentes extremos que se regulan en la normativa aplicable, con indicación precisa de las aportaciones técnico-artísticas, transferencias dinerarias de cada coproductor, y del reparto de mercados y beneficios.

7. Toda la documentación aportada en idioma distinto al castellano deberá ser traducida a éste por traductor jurado.
8. En caso de que el proyecto vaya a realizarse por más de una empresa productora española, una de ellas deberá cumplimentar todas las hojas que acompañarían a esta solicitud; el resto, solo la instancia.

PLAN DE REALIZACIÓN DE LA PELÍCULA

TÍTULO ....
Fecha de comienzo de rodaje: ....
LUGARES DE RODAJE:
Estudios en España .... Días de rodaje ....
Estudios en .... Días de rodaje ....
Estudios en .... Días de rodaje ....
Exteriores en España .... Días de rodaje ....
Exteriores en .... Días de rodaje ....
Exteriores en .... Días de rodaje ....
Interiores naturales en España .... Días de rodaje ....
Interiores naturales en .... Días de rodaje ....
Interiores naturales en .... Días de rodaje ....
Interiores naturales en .... Días de rodaje ....
Laboratorio revelado en España ....
Laboratorio revelado en ....
Estudios sonorización (Música) ....
Estudios sonorización (Efectos) ....
Estudios sonorización (Banda Internacional) ....
Estudios doblaje versión A ....
Estudios doblaje versión B ....
Estudios sonorización versión A ....
Estudios sonorización versión B ....
Montaje y corte de negativo en ....

EQUIPO TÉCNICO

TÍTULO: ....

CARGO	NOMBRE Y APELLIDOS (*)	DNI o NIF	NACIONALIDAD
Director			
Ayudante de dirección			
Ayudante de dirección			
Secretaría de rodaje			
Argumento			
Adaptación			
Guión			
Guión			
Diálogos			
Diálogos			

CARGO	NOMBRE Y APELLIDOS (*)	DNI o NIF	NACIONALIDAD
Director de producción (ejecutivo)			
Jefe de Producción			
Jefe de Producción			
Ayudante de producción			
Ayudante de producción			
Regidor de rodaje			
Regidor de rodaje			
Director de fotografía			
Operador 2ª unidad			
Segundo operador 1ªunidad			
Segundo operador 2ªunidad			
Foquista 1ª unidad			
Foquista 1ª unidad			
Fotofija			
Maquillador Jefe (A. estelares)			
Maquillador Jefe (principales)			
Ayudante de maquillaje			
Ayudante de maquillaje			
Peluquería			
Peluquería			
Ayudante de peluquería			
Montador Jefe			
Ayudante de montaje			
Jefe de sastrería			
Figurinista			
Decorador Jefe			
Ambientador			
Ayudante de decoración			
Ayudante de decoración			
Maquetista			
Constructor de decorados			
Efectos especiales			
Efectos especiales			
Armero			
Jefe de sonido en rodaje			
Operador de sonido			
Microfonista			
Autores de canciones			
Autores de canciones			
Autores de canciones			
Compositor música de fondo			
Coreógrafo			
Asesores especiales			
Asesores especiales			
Asesores especiales			

(*) En caso de utilizar nombre artístico, indíquese éste al lado del nombre y apellido.

FICHA ARTÍSTICA

TÍTULO: _____

PERSONAJES	NOMBRE Y APELLIDOS (*)	DNI	NACIONALIDAD (**)
1º			
2º			
3º			
4º			

1º			
2º			
3º			
4º			
5º			
6º			
7º			
8º			

1º			
2º			
3º			
4º			
5º			
6º			
7º			
8º			
9º			
10.			
11.			
12.			

(*) En caso de utilizar nombre artístico, indíquese éste al lado del nombre y apellidos.
(**) Se entenderá que la nacionalidad indicada, tanto en el equipo técnico como en el artístico, corresponde con la aportación económica de dicho país. En caso de nacionalidad ajena a los países coproductores, se indicará el país coproductor a cuyo cargo irá el correspondiente coste.

DATOS DEL PROYECTO

TÍTULO: _____

Coproducción financiera   SÍ: _____   NO: _____

	%	Aportación económica (en miles de €)
– Participación española		
– Participación de otros países (indicar cada país)		
TOTAL	100,00	

Datos de la parte española (1)

EMPRESAS	%	Aportación económica (en miles de €)
TOTAL	100,00	

Datos de la parte extranjera

PAÍS	EMPRESAS

Es el director general del ICAA el que, a la vista de la documentación presentada por la productora y siempre que se cumplan los requisitos del artículo 29 del Real Decreto —o los establecidos en el convenio bilateral aplicable— decidirá la aprobación provisional de la coproducción. Dicha aprobación provisional lleva implícita la concesión —también provisional— de la nacionalidad española de la película, de modo que se permite solicitar las subvenciones pertinentes. Para obtener el reconocimiento definitivo de la nacionalidad española, será necesario que la película se presente para ser calificada por edades y se adecue (dentro de unos márgenes) al proyecto que, en su día, fue aprobado.

Estos requisitos referidos en el artículo 29 del Real Decreto 2062/2008 son:

1. Que la película sea considerada nacional en los países coproductores y pueda beneficiarse de las ayudas que conceden esos países en sus respectivas legislaciones.

2. Que la película sea realizada por personal creativo, técnico y empresas de servicios que posean la nacionalidad de alguno de los países coproductores. Se admiten excepciones a esta regla por causas debidamente justificadas, de modo que puede autorizarse que como máximo un 10% del personal creativo sea de nacionalidad no comunitaria o no perteneciente a los países coproductores.

3. Que la proporción en la que participen los países coproductores se sitúe entre el 20 y el 80% del presupuesto de la película. En caso de coproducciones multipartitas, la participación menor no podrá ser inferior al 10% y la mayor no podrá exceder del 70% del presupuesto.

En cuanto a las coproducciones financieras, su regulación especial viene contemplada en el artículo 31 del Real Decreto. Este tipo de coproducciones son consideradas excepciones a la coproducción pura y, como tal son tratadas, obligándose a que reúnan simultáneamente una serie de condiciones:

- La participación minoritaria de carácter financiero no podrá ser inferior al 10% ni superior al 25% del presupuesto del proyecto.

- Se tienen que reunir las condiciones fijadas para la concesión de la nacionalidad por la legislación vigente del país mayoritario.

- Debe contribuir a favorecer la diversidad cultural de los países coproductores.

Anotamos que, pese a que este tipo de coproducciones están aceptadas, existe una penalización al elegirlas que se recoge en el artículo 34.4 del citado Real Decreto donde se establece que en las coproducciones financieras por parte española, los productores solo tendrán derecho a la Ayuda General a la Amortización. Queda, pues, vetado al productor, el solicitar la Ayuda Complementaria a la Amortización, de modo que su única ayuda estatal será la General a la Amortización equivalente hasta el 15% de los ingresos brutos de taquilla que obtenga la película durante los doce primeros meses de su exhibición comercial en España.

2.4.3. La búsqueda del coproductor

Buscar un buen coproductor es una tarea a la que el productor debe dedicarle el suficiente tiempo. Es muy importante encontrar un equipo en el que se confíe y con el que resulte cómodo trabajar. El desarrollo y producción de una película lleva años y hay que asegurarse de que ese tiempo de trabajo codo con codo no será un calvario de incomprensiones, exigencias y peleas, sino de mutuo entendimiento e intercambio de talento y conocimientos.

Las pesquisas pueden iniciarse en varias direcciones: ayudan mucho las recomendaciones de otros productores o colaboradores, puede acudirse a los Media Desk de los diferentes países, a las diferentes asociaciones de productores, a los colegios profesionales, a los organismos equivalentes al ICAA español (por ejemplo, el CNC francés o el ICAC cubano). Y no hay que olvidar que, hoy en día, internet es una magnífica herramienta que puede ofrecernos rápida y eficientemente cuanta información necesitemos.

El momento ideal en el que empezar a trabajar con un coproductor en el proyecto es en el desarrollo, de modo que, ya desde el inicio de la gestación de la película sepamos cuál es su visión.

Los requisitos principales que debemos exigir a un coproductor son:

- *Solvencia económica.* No necesitamos (y no nos conviene) un coproductor que no pueda asumir una parte de los riesgos. Precisamente, hemos señalado que una de las ventajas de la coproducción es el reparto de los riesgos de la producción. Si no podemos contar con esta ventaja, disminuye (e incluso llega a anularse) el interés hacia ese potencial coproductor.

- *Interés y confianza en el proyecto.* Del productor depende que le dé mayor o menor importancia a que su coproductor esté efectivamente interesado y confíe en el éxito del proyecto conjunto. A nuestro modo de ver, es un requisito muy importante porque el interés y la confianza traen consigo acciones favorables para el proyecto, como una mayor implicación del coproductor o gestiones más efectivas en la búsqueda de financiación en su territorio.

- *Acceso a los canales de distribución de su región, comunidad o país.* Como hemos explicado antes, un coproductor cumple la primordial función de facilitar el acceso a canales de financiación y distribución, a los cuales el productor no suele tener acceso directo. Si ese coproductor tampoco puede acudir a esos canales porque —por el motivo que sea— los tiene vetados, ¿de qué nos sirve ese coproductor? El productor tendrá que valorar qué otros beneficios puede extraer de esa coproducción y si le beneficia.

  Lo mismo ocurre con el tema de las ayudas y subvenciones. Si, por ejemplo, un coproductor andaluz quiere coproducir con un gallego, debería asegurarse, en la medida de lo posible, de que este coproductor gallego no solo puede conseguir financiación para el proyecto en la Televisión de Galicia sino también en la Xunta. Porque si él no nos ofrece esta posibilidad, salvo que nos interese por otros motivos, lo conveniente sería buscar otro coproductor que sí nos ofrezca ambas vías de financiación.

- *Nivel de experiencia similar al nuestro.* Por supuesto que esta afirmación acepta excepciones, pero no debemos olvidar que, normalmente, el pez gordo se come al pequeño. Es decir, que si una productora pequeña coproduce con una grande, corre el riesgo de perder el control del proyecto y debe saber si está dispuesta o no a aceptar este riesgo. Sin embargo, desde el otro punto de vista, tal vez a la productora potente no le interese coproducir con una pequeña porque ésta no le ofrezca todo lo que espera o necesita de ella.

2.4.4. *Deal memo* de coproducción

En muchas ocasiones, previamente a la firma del contrato de coproducción, se firma lo que llamamos un *deal memo*. Este es un documento que recoge los acuerdos básicos sobre las cuestiones fundamentales que afectan a la coproducción y que deben quedar ya fijadas desde el inicio de la colaboración.

En esencia, en un *deal memo* no deberían faltar los siguientes puntos:

1. Determinar *quiénes son las partes* que firman este documento y que serán las que, posteriormente, firmen el contrato de coproducción.
2. *Descripción de la obra.* Cuál es su título provisional, quién la dirigirá, interpretará, a qué género pertenece, cuál será su metraje, etc. Se trata de determinar cuál es la obra a la que nos estamos refiriendo. No es necesario hacerlo de manera exhaustiva pero sí es conveniente definir sus principales características.
3. *Aportaciones de cada una de las partes.* Qué se compromete a aportar cada uno de los firmantes del *deal memo* a la producción de la obra, ya sea económicamente, en técnicos, actores o cualquier otro tipo de aportación.
4. *Contraprestación* que recibirá a cambio de esa aportación que se ha comprometido a asumir para la obra.
5. Puede incluirse un *calendario de trabajo* provisional o definitivo, un borrador del plan de rodaje, *un presupuesto* —provisional o definitivo— y *un plan de financiación y amortización.*
6. *Condiciones de comercialización de la obra.* Una vez ésta haya sido producida, cómo han decidido las partes comercializarla y qué corresponde a quién.
7. *Ley aplicable y jurisdicción competente.* En caso de suscitarse cualquier tipo de conflicto qué ley se aplicará y qué jurisdicción tendrá competencia para resolver el litigio.

Hay un aspecto muy importante del que debe quedar constancia en ese *deal memo*: acordar si las partes le otorgan al mismo un carácter meramente de propuesta o borrador o si, por el contrario, es de obligado cumplimiento. Cualquiera de las dos opciones es válida y depende única y exclusivamente de la voluntad de las partes decidirse por la obligatoriedad o no de este documento.

2.4.5. El contrato de coproducción

El contrato de coproducción es el documento que recoge todos y cada uno de los pactos que las partes hayan acordado para la coproducción de la obra.

En el caso de haber existido un *deal memo* anterior, habitualmente el contrato de coproducción desarrolla los acuerdos fijados en dicho documento siendo fiel al mismo.

A continuación vamos a analizar el clausulado esencial de un contrato de coproducción. Se comprobará que se recogen y desarrollan más en profundidad todos los acuerdos que se reflejaron en el *deal memo*, a los que se añaden otros:

- *Las partes.* Determinar quiénes son, en nombre de qué sociedad actúan y qué representación ostentan. Como ya dijimos, el sujeto de la coproducción no tiene por qué ser necesariamente una productora. Podría tratarse de una cadena de televisión, una entidad bancaria o una persona física.

- *Descripción de la obra.* Normalmente, se describe la obra más extensamente de lo que se la ha descrito en el *deal memo*. Es importante determinar si es un largometraje, una película para televisión o un programa de entretenimiento. En este último caso, este tipo de programas suelen agotarse tras su emisión, lo que implica que no tienen posibilidad de generar ingresos futuros, salvo por la venta de su formato. En cambio, una película puede explotarse muchos años después de haber sido realizada.

- *Aportaciones de cada una de las partes.* Las partes han decidido coproducir la obra, por tanto, cada una de ellas tiene que efectuar concretas aportaciones a la misma. Como hemos dicho, puede tratarse de aportaciones pecuniarias o en técnicos, actores, maquinaria, laboratorios, etc. A la hora de determinar cuáles son las contribuciones de las partes a la obra, deberemos ser lo más específicos posibles para evitar futuros problemas o malas interpretaciones. No hay que temer ser excesivamente exhaustivo, al contrario, hay que evitar la ambigüedad. Solo de esta manera conseguiremos reflejar la realidad y la voluntad de los coproductores.

- *Contraprestación* que recibirá cada una de las partes a cambio de su aportación. Lo lógico y habitual es que haya un equilibrio entre lo que aporta y de lo que se beneficia. No hay una regla que determine qué se queda cada uno de los coproductores, sino que dependerá de los pactos entre los coproductores. Puede que un coproductor se quede todos los derechos de explotación de la obra en un determinado idioma, o para un determinado territorio.

Queremos diferenciar, en este apartado, entre los derechos exclusivos que se le asignan y el tanto por ciento de *copyright* que adquiere en la obra. En el primer caso, nos referimos a unos determinados derechos que solo le pertenecen a él y de los que se beneficia, por tanto, en exclusiva. Por ejemplo, si Televisión de Catalunya coproduce un audiovisual, suele retener los derechos de explotación del mismo en idioma catalán. El segundo de los puntos, referido al porcentaje de propiedad en la obra que adquiere, hace alusión a que, aparte de unos determinados derechos en exclusiva, el coproductor es copropietario de la obra en el tanto por ciento que se haya determinado, lo cual le dará derecho a obtener una parte de los beneficios que genere la explotación comercial del audiovisual (salvo los que se deriven de la explotación de los derechos que cualquiera de las partes se ha reservado en exclusiva).

Ese tanto por ciento de copropiedad en la obra se traduce también en la copropiedad del negativo y de los derechos de propiedad intelectual e industrial.

- *Comercialización de la obra.* En esta cláusula se concreta quién se encargará de comercializar la obra y cuáles son los límites a dicha comercialización. Está íntimamente ligado con el apartado anterior, puesto que si un coproductor se ha reservado en exclusiva un territorio o un idioma, solo él estará facultado para explotar la obra en ese territorio y en ese idioma reservado. Para la explotación del resto de derechos que no son exclusivos de un coproductor pueden acordarse diversas fórmulas:

    - Encargar la comercialización a un tercero, normalmente un distribuidor o un agente de ventas. Deducida la comisión de cualquiera de estos intermediarios por su trabajo, el resto del importe de la venta se repartirá entre los coproductores según su tanto por ciento de copropiedad en el audiovisual.

    - Nombrar a uno de los coproductores encargado de la comercialización de la obra. Al igual que sucedía con la distribuidora o el agente de ventas, deducirá la comisión que se haya pactado en el contrato de coproducción y, posteriormente, se repartirá lo que reste entre los coproductores según su porcentaje en la obra.

    - Todos los coproductores pueden comercializar la obra. En este caso, cualquiera de ellos está facultado para emprender gestiones de comercialización. Sin embargo, y para evitar el doble trabajo y posibles conflictos, en el contrato queda estipulado cuál debe ser la manera de proceder. Habitualmente, quien tenga una oferta la deberá poner en conocimiento del resto de los coproductores y, salvo que cualquiera de ellos pueda mejorarla, el coproductor que haya iniciado las gestiones de comercialización podrá concluir la venta. Al igual que en los anteriores supuestos, se acordará una comisión de venta de la que se beneficiará el coproductor que la haya realizado.

- *Duración* del contrato. En este pacto se fija durante cuánto tiempo las partes estarán sometidas a ese contrato. Al igual que el resto de las cláusulas, dependerá de la voluntad de las partes, aunque lo habitual es que el contrato esté vigente en tanto dura la coproducción. Sin embargo, los derechos fruto de la coproducción seguirán vigentes con posterioridad a la finalización del contrato, es decir, no porque termine el plazo fijado en el contrato, los coproductores pierden sus derechos o la copropiedad en la obra.

- *Causas de resolución* del contrato. En qué supuestos puede ponerse fin al contrato: incumplimiento de una de las partes, falta de financiación para la producción de la obra... Las partes deben prever en qué casos puede dejarse sin efecto el contrato y cuáles serán las consecuencias de romper la coproducción. En especial, tendrán que determinar quién se quedará con los derechos y qué ocurrirá con los gastos en los que se haya incurrido hasta el momento de la resolución.

- *Contratación.* Las partes acuerdan quién será el coproductor encargado de contratar al personal que intervenga en la obra y de adquirir todos los derechos necesarios para la producción y explotación de la misma. Puede optarse porque solo uno de los coproductores tenga esta facultad o, bien que cada coproductor esté facultado en su ámbito de actuación.

  En cualquier caso, al coproductor que contrate se le asigna la responsabilidad de cumplir cuantas obligaciones laborales, mercantiles, civiles, tributarias y de Seguridad Social se deriven de dicha contratación. Normalmente, se estipula una cláusula por la que se deja indemne al resto de los coproductores en el caso de que quien contrate no cumpla con las mencionadas obligaciones.

- *Contabilidad.* Este es un aspecto muy importante en la coproducción y hace referencia a cómo se gestionará todo el tema contable y de control de gastos en la coproducción. Entre otros puntos, debe decidirse si se abre una cuenta a nombre de la producción y quién la gestionará y tendrá acceso a la misma. También deben determinarse las obligaciones que tendrá el responsable de llevar la contabilidad hacia el resto de los coproductores.

- *Control creativo.* Uno de los aspectos más peliagudos en una coproducción es decidir en manos de quién recaerá el control creativo de la obra, porque ninguno de los coproductores está dispuesto a tener que ceder este control, ya que de él depende la calidad final de la obra. No obstante, hay que tomar decisiones y establecer quién o quiénes decidirán el corte final del audiovisual.

- *Títulos de crédito.* En esta cláusula se fija cuál será el redactado de los títulos de crédito así como su orden, tamaño y disposición. No obstante, hay que decir que es común que, en una coproducción internacional, exista más de una versión de títulos de crédito, posiblemente una para cada uno de los países que intervienen. De esta manera se consigue satisfacer los intereses de los coproductores.

- *Cláusula de confidencialidad.* La coproducción exige un trabajo conjunto, lo cual facilita que un coproductor llegue a disponer de ciertas informaciones valiosas de su coproductor. Es por ello por lo que es conveniente incluir esta cláusula de confidencialidad que abarca, no solo al proyecto, sino a la empresa. Es decir, ninguno de los coproductores podrá difundir cualquier tipo de información sobre el resto de los coproductores a la que hubiera podido tener acceso gracias a la coproducción.

– *Legislación aplicable y jurisdicción competente.* De un lado, hay que establecer qué ley se aplicará en caso de conflicto. También debería explicitarse, sobre todo en coproducciones internacionales, si las partes están sometidas a algún convenio internacional.

En cuanto a la jurisdicción competente para dirimir las cuestiones litigiosas, deberán los contratantes decidir a cuál desean someterse, si a alguna propia de cualquiera de los coproductores o a otra.

A continuación incluimos un modelo básico de contrato de coproducción en el que se reflejan todos las cláusulas a las que acabamos de hacer referencia.

CONTRATO DE COPRODUCCIÓN

En (ciudad), a (día) de (mes) de (año)

REUNIDOS

De una parte, (nombre y apellidos), mayor de edad, con DNI nº ...., quien actúa en nombre y representación de la sociedad ...., domiciliada en (ciudad), CP ...., calle .... nº .... y con NIF nº ...., en su condición de .... de la misma, en adelante denominada X.

Y de otra (nombre y apellidos), mayor de edad, con DNI nº ...., quien actúa en nombre y representación de la sociedad ...., domiciliada en (ciudad), CP ...., calle .... nº .... y con NIF nº ...., en su condición de .... de la misma, en adelante denominada Y.

MANIFIESTAN

I. - Que X e Y se dedican a la producción de obras audiovisuales y ambas tienen intención de producir conjuntamente .... (largometraje, tv movie, documental...) titulado provisionalmente .... de ahora en adelante la OBRA AUDIOVISUAL).

II. - Que X e Y ostentan todos los derechos de explotación del guión.

III.- Que en vistas de lo anterior, y a fin y efecto de fijar la forma de colaboración en la coproducción, ambas partes, reconociéndose mutuamente la capacidad legal necesaria para contratar y obligarse, acuerdan formalizar el presente CONTRATO DE COPRODUCCIÓN, que desean se rija por las siguientes

CLÁUSULAS

PRIMERA. Objeto del contrato. X e Y acuerdan coproducir el (largometraje, tv movie, documental...) titulado provisionalmente .... cuyas características principales son ....

El presente contrato tiene por objeto definir las condiciones en las que las partes participarán en la coproducción

Será de cuenta de X las siguientes funciones y aportaciones:
a) ....
b) ....
c) ....

Por su parte, Y, se compromete a cumplir las siguientes funciones y aportaciones:
a) ....
b) ....
c) ....

SEGUNDA. Adquisición de derechos. X se compromete a adquirir de los autores y/u otros titulares de derechos que participen en la realización de la OBRA AUDIOVISUAL los derechos de propiedad intelectual necesarios para la explotación de la misma en todo el universo (derechos de reproducción, distribución, comunicación pública, transformación, disposición al público, doblaje y subtitulado), así como cualquier otra autorización o consentimiento que fuese necesario.

TERCERA. Contabilidad, Auditoría y Cuenta de producción. X se hará cargo del seguimiento del coste de la coproducción, pudiendo Y acceder en todo momento a la misma.

X se compromete a presentar a Y cuanta documentación le sea requerida sobre la gestión económica, financiera y contable.

Las partes acuerdan abrir una cuenta bancaria a nombre de la OBRA AUDIOVISUAL para financiar la producción. En esta cuenta se ingresará el conjunto de las contribuciones financieras correspondientes a la película.

Se acepta que X pueda rebajar unas partidas y aumentar otras, haciéndolas actuar como vasos comunicantes, siempre que respete el monto total del presupuesto establecido.

CUARTA. Copropiedad. Las partes se reconocen mutuamente copropietarias indivisas de los elementos materiales de rodaje y de los negativos de la obra. Las partes ostentarán la cotitularidad de los derechos de propiedad industrial y de los derechos de explotación derivados de la OBRA AUDIOVISUAL, así como de su título, y en especial los derechos de reproducción, distribución, comunicación pública, subtitulado, disposición al público, doblaje y cualquier otro que sea atribuido al productor de la OBRA AUDIOVISUAL por parte del ordenamiento legal, o adquirido mediante la cesión de sus titulares originarios de obras preexistentes o de las específicamente creadas para su incorporación a la OBRA AUDIOVISUAL, y todo ello de acuerdo con los siguientes porcentajes:

X: .... %   Y: .... %

Cuantos beneficios se produzcan por la explotación mundial de la OBRA AUDIOVISUAL será repartido entre las productoras de acuerdo con su porcentaje de participación.

Las partes llevarán a término las acciones que resulten oportunas con el fin de evitar o perseguir actuaciones de terceros en infracción de los derechos que se deriven de la OBRA AUDIOVISUAL. Los gastos derivados de estas acciones y/o reclamaciones serán satisfechos de acuerdo con los porcentajes de cada una de las partes.

QUINTA. Títulos de crédito. La condición de coproductores será indicada en los títulos de crédito de todas y cada una de las formas de explotación de la OBRA AUDIOVISUAL y en su publicidad.

SEXTA. Gestiones de ventas. Se efectuará una gestión conjunta de las ventas, es decir, cada uno de los coproductores podrá contratar la explotación de la OBRA AUDIOVISUAL. El coproductor que tenga una oferta deberá ponerla en conocimiento del otro coproductor. Si este último, en el plazo de .... días desde la notificación por escrito de la oferta del tercero, no tiene una mejor, el primero quedará facultado para firmar el contrato.

Quien haya promovido la venta tendrá derecho a una comisión del .... %. Una vez deducida la comisión, el sobrante se repartirá entre los coproductores en función de su tanto por ciento en la OBRA AUDIOVISUAL.

SÉPTIMA. Duración. El presente contrato surtirá efectos a partir de su firma y continuará en vigor por todo el plazo en que la OBRA AUDIOVISUAL sea capaz de generar ingresos por explotación. No obstante la resolución o extinción del presente contrato, los derechos de propiedad intelectual e industrial seguirán vigentes por todo el tiempo que marca la Ley de Propiedad Intelectual.

OCTAVA. Contratación. Las partes decidirán de mutuo acuerdo la contratación de los miembros del equipo. Todos los documentos y contratos relativos a la producción serán firmados por X sin que se pueda dar contra Y ninguna reclamación o responsabilidad, directa o subsidiaria, que se derive de las mencionadas relaciones laborales, civiles o mercantiles, comprometiéndose X a cumplir íntegramente la legislación vigente en materia de seguros, Seguridad Social, laboral y fiscal.

NOVENA. Confidencialidad. A excepción de la información requerida para el buen fin del presente acuerdo, las partes se comprometen a no revelar o utilizar, durante la vigencia del presente contrato y después de su finalización, ninguna información confidencial recibida como consecuencia de la ejecución del presente contrato.

DÉCIMA. Modificaciones. Cualquier modificación al presente contrato deberá hacerse por escrito y ser firmada por ambas partes, uniendo dichas modificaciones al cuerpo de este contrato.

UNDÉCIMA. Versión definitiva. La versión definitiva de la OBRA AUDIOVISUAL será establecida por el director-realizador y ambas partes de mutuo acuerdo. En caso de discrepancia prevalecerá el criterio de X o Y.

DECIMOSEGUNDA. Resolución del contrato. El incumplimiento por cualquier parte de las obligaciones que se establecen en el presente contrato, dará derecho a la parte cumplidora a resolver el presente contrato y a exigir el resarcimiento de daños y abono de intereses que correspondan en el supuesto de que, transcurridos treinta días desde que la parte cumplidora hubiera notificado fehacientemente la infracción a la parte incumplidora, ésta no hubiese remediado su incumplimiento.

DECIMOTERCERA. Notificaciones. Las notificaciones entre las partes que hagan referencia a los derechos y obligaciones derivados del presente contrato se harán a las direcciones que figuran en el encabezamiento del presente contrato.

DECIMOCUARTA. Naturaleza jurídica del contrato. El presente contrato no facultará a ninguna de las partes a asumir obligaciones en nombre de la otra, ni constituye una sociedad o asociación entre las mismas.

DECIMOQUINTA. Legislación y Arbitraje. El presente contrato se regirá por sus propios pactos y en lo no previsto en los mismos, por la Ley de Propiedad Intelectual y, subsidiariamente, por lo dispuesto en la legislación civil y mercantil española.

Para la resolución de cualquier cuestión litigiosa derivada del presente contrato o acto jurídico, las partes en renuncia al fuero que pudiera corresponderles, se someten a los Juzgados y Tribunales de la ciudad de ....

Y en prueba de conformidad, ambas partes, firman por duplicado y a un solo efecto el presente documento, haciéndolo en la fecha y lugar indicado en el encabezamiento.

Nombre y firma de las partes

La realización del proyecto   3

En esta sección se detalla la actividad de producción para llevar a término la creación física del producto audiovisual. Si bien las fases descritas son en cierto modo estándar y de obligado seguimiento, el modelo de organización se pone a modo de ejemplo práctico. Como en las secciones anteriores se pone especial énfasis en detallar procedimientos y modelos de aplicación en nuestro país, así como en realizar las observaciones pertinentes para que el lector conozca las formas adecuadas de actuación en cada caso, con recomendaciones prácticas fruto de la experiencia.

Una vez el proyecto ya ha sido desarrollado, al productor le da garantías de ser viable y cuenta con la financiación para llevarlo a cabo, pasa al proceso de producción de la película, que se compone de las siguientes fases:

1) Preproducción o preparación

2) Producción, rodaje o grabación

3) Postproducción

Vamos a ver más en detalle en qué consiste y quién interviene en cada una de estas etapas.

3.1. LA PREPRODUCCIÓN

En la preproducción debe prepararse todo lo necesario para cumplir satisfactoriamente la fase posterior, la del rodaje. De modo que cuanto mejor se haya preparado el equipo para todo lo previsto pero también para los posibles problemas e imprevistos, más fluido y provechoso será el rodaje.

La preproducción no tiene una duración estándar sino que depende del tipo de película que se vaya a producir y, al igual que el resto de fases, está muy vinculada al presupuesto. Podemos encontrarnos con una película que necesite solo dos meses de preparación, o con otra cuya preproducción se alargue hasta los seis meses, o incluso más. Lo habitual en producciones españolas suele ser de dos o tres meses.

En la práctica, para referirnos al tiempo en la preproducción, no hablamos de meses sino de semanas y las contamos a la inversa: semana –9, –8, –7, etc., lo que nos indica el número de semanas que faltan para empezar a rodar.

Vamos a tomar como ejemplo una película media —que tenga nueve semanas de preparación— y utilizaremos este cómputo a la inversa para referirnos a los profesionales que pueden intervenir en la preproducción. Aportamos como ejemplo un modelo de organización y planificación que establece una secuencia de incorporación de los recursos humanos y la descripción de cuál es su función principal:

SEMANA –9. El productor sigue muy activo en esta fase. Es posible que, incluso, siga trabajando con el guionista retocando algunos elementos del guión que no deberían cambiar sustancialmente la historia. Al productor y guionista hay que sumar otros dos profesionales: el *director* de la película y el *director de producción*.

Una de las principales misiones del director en este momento es la confección del guión técnico, en el que concreta cada uno de los planos y posiciones de cámara. De esta manera, permite a todo el equipo "visualizar" la película que se va a hacer. Es de suma importancia que todos los integrantes del equipo tengan claro qué película van a hacer y que no hayan visiones contradictorias que conllevarían multitud de problemas, en especial en la fase de rodaje. En ocasiones, se contrata a un profesional, un *storyboarder* que, en viñetas, dibuja los diferentes planos que se piensan rodar. El *storyboard* puede hacerse de toda la película o solo de algunas escenas que, por su complejidad, aconsejen ser plasmadas en dibujo.

Otra de las funciones esenciales del director es acordar con el productor el concepto estético de la imagen de la película. Deben tratar los siguientes aspectos:

- *Tipo de iluminación:* colores que predominarán, luz fría o cálida, si habrá contrastes suaves o fuertes, etc.

- *Cámara y ópticas:* según qué tipo de cámara y ópticas se utilicen se conseguirán estéticas distintas.

- *Tipo de encuadres y movimientos de cámara:* afectan a la estética y el director los plasmará en el guión técnico. No es lo mismo que abunden los planos cortos a que lo hagan los generales. Tampoco es igual que la cámara esté fija a que se ruede cámara en mano.

Además de la parte visual, también acordarán el *look* sonoro del filme, dando respuestas a preguntas como: ¿habrá música? ¿efectos?, etc.

En las semanas −9 y −8 normalmente se selecciona al equipo artístico y técnico que no hubiera sido escogido antes, de manera que ya sepamos quién cubrirá todos los puestos necesarios en la producción.

SEMANA −7. Cuando se llevan aproximadamente dos semanas de preproducción, se incorporan al equipo el *primer ayudante de dirección, el jefe de producción y el localizador.*

Si bien teóricamente la organización y control del plan de trabajo (programación de las secuencias, escenario, orden en que se han de rodar y día en que se hará) corresponde al director de producción, es práctica común en nuestro país, que sea el primer ayudante de dirección quien, en este momento de la preproducción, se encargue de la elaboración del *plan de trabajo* de la película. Como el director ya lleva trabajando dos semanas en el guión técnico, ya se sabe mediante qué planos quiere contar la película, por lo tanto, ahora es el primer ayudante de dirección el que tiene que encargarse de traducir ese guión técnico en tiempo en el plan de rodaje, así que calculará cuánto tiempo se necesita para rodar cada secuencia, indicando qué secuencias se van a rodar cada día, en qué horario, con qué decorados y con qué actores.

Un plan de rodaje será efectivo si ordena los días de rodaje de la manera más conveniente posible, consiguiendo abaratar los costes sin perder por ello calidad en el producto final. La ordenación de los días de rodaje puede hacerse en función de diferentes variables, siendo posiblemente las más habituales las referidas a los actores y a las localizaciones. Esto significa que si contamos con un actor costoso, lo que debe intentarse es agrupar todas las escenas en las que interviene para conseguir que esté el menor número de días posible. Por otro lado, en cuanto a las localizaciones, éstas requieren ambientación y el desplazamiento de todo el equipo a ellas, de modo que se agruparán todas las escenas que contengan la misma localización para que, una vez se haya rodado en ella, no haya que volver.

A continuación puede verse una hoja de plan de trabajo.

TÍTULO OBRA/PLAN DE RODAJE/7 SEMANAS		
SEMANA 1 LUNES A VIERNES		
Escena	Descripción	Personaje
51	EXT. CALLES DE LA CIUDAD DÍA. La tormenta paró, Luisa camina regreso a la ciudad.	Luisa
49	INT. PASILLO DE HOSPITAL NOCHE. Confrontación.	Luisa, Julio
50	INT. BAR DEL HOSPITAL MADRUGADA	Luisa, Julio
Fin del día 1		

TÍTULO OBRA/PLAN DE RODAJE/7 SEMANAS		
SEMANA 1 LUNES A VIERNES		
Escena	Descripción	Personaje
55	INT. COMISARÍA/SALA y DESPACHO. DÍA. Julio llega corriendo con Pedro, Juan ya está allí.	Luisa, Julio
56	INT. COMISARÍA, DESPACHO. DÍA. Julio sentado, del otro lado del escritorio, el comisario.	Juan, Pedro, Julio
57	EXT. SUBJETIVA CALLE DE LA COMISARÍA DÍA. Afuera mujeres aplauden.	Luisa, Berta, otras
58	EXT. SUBJETIVA CALLE DE LA COMISARÍA DÍA. El policía ve por la ventana manifestación.	Luisa, Berta, otras
Fin del día 2		
97	EXT. PLAZA. DÍA. Miguél con su hermana ofrece llevarlas	Luisa, Miguel, Petra, Manuela
95	EXT. PLAZA. DÍA. Sale del ministerio ve a Manuela y Berta	Luisa, Manuela, Berta
Fin del día 3		
1	INT. CASA DE GOBERNADOR/PASILLO. DÍA. Secretario lleva carpeta	Secretario
3	INT. CASA DE GOBERNADOR/PASILLO. DÍA. Montse se va	Montse
2	INT. CASA DE GOBERNADOR/DESPACHO PRESIDENTE. DÍA. Secretario lleva carpeta	Gobernador, Maite, Secretario.
93	INT. MINISTERIO DEL INTERIOR, DÍA. Luisa busca listas	Luisa, funcionario
Fin del día 4		

  Otra de las importantes responsabilidades del primer ayudante de dirección (de la que puede encargarse directamente o delegar en su ayudante) es el desglose de recursos, imprescindible para identificar todas y cada una de las necesidades del rodaje.

  Pero, si bien el departamento de dirección hace su desglose, también el departamento de producción se encarga de hacer el suyo propio con la misma finalidad: la de identificar todas sus necesidades.

  Dada la importancia que tienen estos desgloses, es conveniente poner en común el de dirección y el de producción. Haberse olvidado de incluir algún elemento en el desglose significa que dicho elemento no estará en el rodaje. No hay que olvidar que lo que no está en el desglose, no existe. No importa que en el guión sí esté.

  Existe gran variedad de modelos de hoja de desglose, incluso hay programas informáticos que ayudan en su confección aunque no sustituyen la habilidad de saber leer e interpretar las necesidades del guión en la producción.

Este es uno de los modelos posibles:

TÍTULO OBRA

HOJA DE DESGLOSE

```
Págs 1 7/8
Int/Ext: INT
Efecto: Día

Sinopsis: Pablo y Pedro se encuentran en el bar
Decorado: Bar
```

Actores 1. Pablo 2. Pedro	Figuración 10 hombres 3 mujeres 1 niño	Atrezzo 10 mesas 30 sillas Café de máquina Carretilla Tabaco Mechero
Ambientación	Efectos especiales	Vestuario 3 monos obra 2 delantales
Maquillaje/Peluquería 1 peluca 4 bigotes	Cámara/Maquinistas Steadycam	Especialistas
Vehículos Moto	Sonido	

En el momento en el que el director de producción cuenta con el plan de trabajo definitivo y las hojas de desglose, podrá establecer el *presupuesto definitivo* de la película, ya que ahora dispone de toda la información necesaria para concretar cualquier aspecto económico de la película: semanas de rodaje, número de sesiones de cada uno de los actores, días en los que se necesitarán decorados y otro sinfín de cuestiones de producción.

Como Apéndice a este libro reproducimos el modelo de presupuesto para largometraje del ICAA.

Por su parte, el jefe de producción, bajo la directa supervisión y órdenes del director de producción, se encarga principalmente de gestiones logísticas, tales como contactar con proveedores (transporte y *catering*, entre otros), solicitar algunos presupuestos y obtención de los permisos necesarios para el rodaje.

El localizador hace un desglose de localizaciones y se encarga de buscar todas aquellas que le hayan aparecido en dicho desglose. Sin embargo, su trabajo no acaba cuando las ha encontrado, sino que debe conseguir el acceso a esos lugares, hacer fotografías, preguntar si se puede rodar allí y con quién deben gestionarse los permisos, así como cuál es su coste. En resumen, el localizador "abre" la localización y es conveniente que sea él quien se encargue de "cerrarla". Esto significa que es la primera persona que establece contacto con aquellos a los que hay que solicitar el permiso para ver la localización y, posteriormente, para rodar en ella. Y cuando "cierra" concluye esa relación iniciada tiempo atrás, se asegura de que la localización se deja tal y como se había encontrado y no queda pendiente nada entre la productora y quienes han cedido la localización.

Normalmente elabora un dossier para cada una de las localizaciones, donde incluye fotografías, anotaciones sobre aspectos que le hayan llamado la atención, problemas que puedan surgir, planos, cómo llegar, y persona y datos de contacto.

En ocasiones sucede que se contrata a un localizador solo para la búsqueda de localizaciones y primeras gestiones de contacto y, luego, ese localizador deja el proyecto, pasando a un ayudante de producción el resto de funciones a las que nos hemos referido en el párrafo anterior.

SEMANA –6. Se incorporan al equipo el *director de arte, la secretaria de rodaje y el regidor.*

El director de arte trabaja en colaboración y a las órdenes del director diseñando el aspecto de la película, es decir, todo aquello que tenga que ver con el estilo, el color y la forma. Cuando, más adelante, se incorporen el director de fotografía y el diseñador de vestuario, deberá también trabajar en directa colaboración con estos jefes de equipo.

Una de las máximas responsabilidades del director de arte es el diseño de los escenarios. Debe definirlos en función de lo que tengan que aportar a la historia. Puede trabajar sobre tres tipos de escenarios:

- *Naturales.* Tienen la ventaja de ser muy reales y eso les da fuerza. Pero presentan una serie de inconvenientes precisamente por tener que adaptarse a ese escenario: puede tratarse de un espacio pequeño o con mala comunicación o con pocas horas de luz.
- *En plató.* Tienen la gran ventaja de que pueden dominarse según interese pero el inconveniente de ser costosos.
- *Generados por ordenador.* Permite crear decorados espectaculares que o no pueden recrearse de otra manera o hacerlo implicaría un gran esfuerzo económico.

Por su parte, la secretaria de rodaje se encarga, principalmente, del tema de la logística contractual con técnicos y actores (al que nos referiremos detenidamente más adelante); de la gestión de los contratos para las localizaciones (con la posible colaboración del localizador); de solicitar a la gestoría laboral las altas y las bajas que correspondan del equipo; y de la búsqueda de alojamiento, viajes y desplazamientos de los técnicos y actores.

Al regidor lo definimos como la persona de producción dentro del equipo de arte: organiza el tema económico, los contactos con los proveedores de arte y lleva a cabo las compras que requiera su departamento.

SEMANA –5. Se llevan a cabo las localizaciones técnicas: a aquellas localizaciones valoradas como factibles por el localizador y el director de producción, se desplazan los siguientes profesionales: el director, el director artístico, el primer ayudante de dirección, el director de producción, el director de fotografía y el responsable del sonido directo (aunque algunos todavía no se hayan incorporado, ya se sabe quiénes serán y deben acompañarles a estas localizaciones para dar su opinión). Sobre el terreno, cada una de estas personas expondrá los pros y los contras de rodar en esa determinada localización y, en función de esas opiniones, se dará la localización por buena para rodar o no.

En esta misma semana –5 se incorporan al equipo el *segundo ayudante de dirección* (que lleva a cabo los trabajos que le sean delegados por el primer ayudante de dirección), el *primer ayudante de producción* (que hace las gestiones de producción que le solicite el jefe de producción) y el restante equipo de arte (normalmente ayudante y atrezzista que estarán bajo las órdenes del director de arte).

También en esta semana se hace una lectura de guión a la que asisten todos los jefes de equipo más el jefe de producción, el atrezzista y cualquier persona que se considere conveniente que esté presente.

SEMANA –4. Entra el *equipo de vestuario* que no deja de ser una prolongación del trabajo de arte y trabaja en estrecha colaboración con el director artístico. Su incorporación con mayor o menor antelación al inicio del rodaje depende de la película de que se trate (obviamente, en una película de época es necesaria su incorporación mucho antes que en la semana –4) y su trabajo consiste en: diseño del vestuario de los personajes, búsqueda de la ropa que se utilizará en el rodaje y contacto con los proveedores que, con el menor coste posible, les deben proporcionar lo que se necesitan.

SEMANA –3. Incorporación del *segundo ayudante de producción* (en el que sus superiores delegarán el trabajo que consideren oportuno) y los *constructores* que diseñan y ejecutan el plan de construcciones.

SEMANA –2. Empiezan los ensayos con los actores y las pruebas de vestuario y maquillaje (es posible que el departamento de caracterización todavía no se haya incorporado pero que se le requiera para estas pruebas). Se incorpora la *script* que asiste a todos los ensayos e incorpora los pequeños cambios de guión que se decidan en estos ensayos.

SEMANA −1. Todos los profesionales ultiman los preparativos en sus respectivos departamentos y cierran todos los temas pendientes para el inminente inicio de rodaje.

3.1.1. Gestión de localizaciones y permisos

Antes de iniciar el rodaje en determinados lugares (ya sean estos exteriores o interiores), el equipo de producción ha tenido que realizar una serie de gestiones a fin de permitir que dicho rodaje sea posible. Nos estamos refiriendo a la conclusión de acuerdos o contratos de *localizaciones* y a la obtención de *permisos*.

Conviene llegar a un acuerdo por escrito referente a los términos en los que se cede la localización para el rodaje. Da mayor seguridad a ambas partes y ayuda a evitar los malos entendidos.

El hecho de que una localización "caiga" (es decir, que ya no podamos contar con ella) tiene múltiples consecuencias. Consideraremos la caída más o menos grave dependiendo del momento en el que se encuentre la producción. Si estamos en preproducción, es posible que todavía haya tiempo de reaccionar y encontrar una solución rápida y efectiva. Por el contrario, si ya estamos en fase de rodaje tendremos un grave problema porque, con toda probabilidad, implicará un cambio en el plan de rodaje o, en el peor de los casos, que deba interrumpirse.

Los imprevistos son inevitables pero, en la medida que podamos, en la preproducción hay que prever los problemas y dejar el menor margen posible a la improvisación o al azar. En este sentido, como hemos avanzado, cuando se ha decidido que una localización es adecuada, se debe llegar a un acuerdo con el propietario o aquél que esté legitimado para permitir el rodaje y, tras la negociación, firmar un contrato que recoja los pactos a los que someterán su relación. Si nos fiamos únicamente de un acuerdo verbal estamos corriendo demasiados riesgos.

¿Sobre qué aspectos esenciales hay que alcanzar acuerdos que queden reflejados en el documento?

- En primer lugar, sobre el *periodo de tiempo* en el que haremos uso de esa localización. Hay que dejar claro que lo que se transfiere a la productora es el derecho a usar esa localización en un determinado periodo que hay que delimitar. Ni un día antes ni un día después, al tiempo acordado, tendrá derecho la productora a usar esa localización. Por eso hay que señalar que, tal vez, deba pactarse el uso por más tiempo del que implica el rodaje en sí ya que hay que contar con que es posible que se necesite montar decorados y desmontarlos.

- Es muy importante acordar las *condiciones de uso* de la localización: qué puede y qué no puede hacer la productora así como a qué se obliga cada una de las partes. Lo conveniente es que se permita cambiar y alterar la localización lo necesario para atender a las concretas necesidades del rodaje. Si se consigue, la productora, antes de abandonar definitivamente la localización, se compromete a dejarla tal y como la ha encontrado, asumiendo la obligación de reparar todo lo necesario para dejarla en las mismas condiciones iniciales.

- Otro de los acuerdos imprescindibles recae sobre el *precio* a pagar por parte de la productora así como los plazos en los que se abonará dicho importe. Hay que dejar muy claro qué incluye ese precio y qué no. Las partes pueden decidir que el precio estipulado solo cubra la utilización de la localización y que, aparte, se cobrarán los gastos extra como luz o agua. O, por el contrario, puede considerarse que en el precio van incluidos todos los gastos. Sea cual fuere la opción escogida, tiene que especificarse.

    También cabe la posibilidad que la localización sea cedida gratuitamente. Si es así, también debemos hacerlo constar.

- Aparte de los pactos anteriores, imprescindibles en cualquier acuerdo de localizaciones, suelen estipularse *otros varios* como los siguientes:

    - La parte que cede el derecho de uso de la localización garantiza que está facultada para ello, ya bien porque es el propietario o por cualquier otro título que lo legitima.

    - Indemnizaciones o contraprestaciones que tendrá derecho a percibir cada una de las partes en el supuesto de incumplimiento de las obligaciones de la otra parte.

    - El cedente puede exigir a la productora la contratación de un seguro en garantía de los posibles daños físicos que se ocasionen a la propiedad. Si no se exige esta contratación, tal vez sea necesario hacer un depósito.

Hemos visto las pinceladas esenciales de la relación entre el propietario (o aquél que tuviere el uso de la propiedad) y la productora. No obstante, como sucede en cualquier relación (y ésta no es una excepción), las partes pueden acordar lo que estimen conveniente y, a esos pactos serán a los que deberán dar cumplimiento. Según la localización de que se trate y de la confianza y relación mutuas, se alcanzarán unos acuerdos u otros. Pero repetimos que es conveniente dejar constancia por escrito, y de la manera más detallada posible, de esa voluntad conjunta.

3.1.2. Contratación del equipo técnico y artístico

Un aspecto fundamental en la producción es la contratación de todo aquel personal que va a hacer posible la realización de la película. Nos referimos tanto a los técnicos como a los actores.

Normalmente, tras la negociación del productor o del director de producción con el técnico o el actor, se firma un memorando donde se recogen, de manera muy genérica, los acuerdos esenciales adoptados, tales como fechas de la prestación de los servicios, número de sesiones (en el caso de los actores) y contraprestación. Este documento lo firman el productor, el director de producción y el técnico o actor.

Este memorando firmado se pasa a la secretaria de producción para que redacte el contrato propiamente dicho de acuerdo a las condiciones pactadas. Cada productora suele tener un modelo de contrato que utiliza como base y en el que adapta los cambios concretos según quién sea el profesional al que se contrate y los acuerdos que se hayan alcanzado.

El clausulado de un contrato para un técnico o actor puede ser muy simple o muy complejo. Suele ser frecuente que cuanto más reconocido es el profesional que se contrata, más elaborado es el contrato, puesto que se detallan muchos más aspectos.

A continuación, transcribimos un modelo básico de contrato de técnico para poder analizar, posteriormente, los aspectos fundamentales del mismo.

CONTRATO DE TÉCNICO
REUNIDOS

De una parte, (nombre y apellidos), en nombre y representación de la Sociedad ....
.... en su calidad de ...., con domicilio en la ciudad de .... (CP ....) calle .... nº .... y NIF ...., de ahora en adelante la PRODUCTORA.
Y de otra parte, (nombre y apellidos), mayor de edad, en nombre y representación propias, con domicilio en la ciudad de .... (CP ......), calle ...., DNI nº..................... y número de afiliación a la Seguridad Social ...., de ahora en adelante el TRABAJADOR.

EXPONEN

1. Que la PRODUCTORA va a llevar a cabo el rodaje de la película titulada provisionalmente "..." que será dirigida por ....
   (de ahora en adelante la OBRA)
2. Que la PRODUCTORA está interesada en contratar los servicios profesionales del TRABAJADOR en calidad de (especificar cargo) y el TRABAJADOR acepta esta contratación.

Ambas partes se reconocen mutuamente la capacidad legal necesaria para celebrar este acto y obligarse mediante el mismo, sometiéndose a los siguientes

PACTOS

PRIMERO. El objeto del presente contrato es la contratación de carácter temporal para obra determinada del TRABAJADOR en calidad de (especificar cargo) para que preste sus servicios en la OBRA.

SEGUNDO. El periodo de vigencia de este contrato es del día .... de .... de .... hasta el .... de .... de ....

TERCERO. Los servicios que deberá prestar el TRABAJADOR en la OBRA consisten en ....

CUARTO. La remuneración que percibirá el TRABAJADOR como contraprestación por sus servicios, descritos en la cláusula anterior, será de .... euros brutos (a la semana/ al mes/ al día).

QUINTO. El horario de trabajo será variable en función de las necesidades de la OBRA teniendo la PRODUCTORA la facultad de solicitar los servicios del TRABAJADOR cualquier día de la semana, durante el día o la noche.

No obstante, entre la finalización de la sesión de rodaje de un día y la convocatoria de la siguiente, no podrán transcurrir menos de 12 horas. Asimismo queda establecido un descanso semanal de, como mínimo, 36 horas.

SEXTO. El TRABAJADOR prestará sus servicios en el lugar indicado por la PRODUCTORA. Sin embargo, si el TRABAJADOR tuviera que desplazarse fuera del núcleo urbano de ...., los gastos de desplazamiento irían a cargo de la PRODUCTORA.

Asimismo, si el TRABAJADOR tuviera que pernoctar en otra ciudad distinta de ...., la PRODUCTORA asumirá los gastos de desplazamiento así como de alojamiento y comida del TRABAJADOR.

SÉPTIMO. La PRODUCTORA se obliga a incluir en los títulos de crédito de la OBRA, el nombre del TRABAJADOR (puede concretarse orden, tamaño y demás características).

OCTAVO. La PRODUCTORA podrá resolver el presente contrato en el supuesto de incumplimiento del mismo motivado por:
- La no asistencia o impuntualidad del TRABAJADOR en su puesto de trabajo.
- La desobediencia del TRABAJADOR a sus superiores, a la PRODUCTORA o a la persona delegada por ellos.
- No someterse al plan de trabajo.
- (Pueden añadirse cualesquiera otras que se prevean y acuerden).

NOVENO. En caso de discrepancia en la interpretación o ejecución de este contrato, las partes se someten expresamente a la jurisdicción de los Juzgados y Tribunales de ....

Y, en prueba de conformidad con todo lo que antecede, firman el presente contrato en la ciudad de .... el día .... de .... de ....

Firma de la PRODUCTORA y el TRABAJADOR

El anterior es un modelo básico de contrato que recoge las cláusulas imprescindibles. A partir de esta base, se pueden añadir cuantos pactos se estimen convenientes y necesarios y que detallen todos los acuerdos alcanzados en la regulación de esa relación profesional.

Las cláusulas imprescindibles se refieren a:

- **Objeto del contrato.** El objeto es la contratación del trabajador en la calidad que le corresponda: de director artístico/ayudante de producción / montador o cualquier otra, por parte de la productora para que preste sus servicios en el audiovisual que va a realizarse.

    Hasta ahora nos hemos referido a una contratación laboral por la cual el trabajador presta sus servicios a una empresa a cambio de un salario. Por tanto, esta relación contractual se someterá a la legislación laboral.

    Cabe, sin embargo, la posibilidad de que quien presta sus servicios a la productora sea autónomo, de modo que en este caso, hablamos de una relación mercantil que difiere de la laboral, principalmente en el pago, puesto que si bien el trabajador asalariado percibe una nómina, el autónomo factura por sus servicios.

- **Periodo de vigencia.** Durante cuánto tiempo está vigente el contrato: cuándo empieza y cuándo acaba. Se trata de concretar las fechas en las que el trabajador debe prestar sus servicios. En este sentido, hay que tener presente dos circunstancias:

    - Las fechas que en un principio se acuerdan a veces varían. Puede ocurrir que, por imprevistos, la productora se vea obligada a modificar las fechas de producción de la película. Esta posibilidad conviene reflejarla en el contrato, de modo que se prevea que la productora podrá retrasar la producción durante x días/semanas sin que tenga que indemnizar al trabajador por ello.

    - Cuando el trabajador empieza a cumplir sus funciones, tal vez la productora se percate de que su trabajo no resulta el adecuado para la producción. Por esta razón, lo ideal es establecer un período de prueba durante el cual la productora, si no está satisfecha, puede rescindir el contrato. El plazo de este periodo de prueba es variable y depende, tanto de lo que esté establecido en el convenio colectivo como de la duración total del contrato de trabajo.

    - Conviene incluir la posibilidad de prorrogar (tácita o expresamente) el contrato si, a la finalización del periodo de su vigencia, no se hubieran concluido aquellos trabajos para los que ha sido contratado el profesional.

- **Funciones del trabajador.** En qué consisten los servicios que presta para la productora. Se puede optar por hacer una enumeración detallada o bien, en ocasiones, basta con enumerar su puesto y se da por entendido qué implica ese cargo.

- **Contraprestación.** Qué retribución percibe el trabajador a cambio de sus servicios. El salario puede devengarse por días, semanas o meses. Lo más habitual es que se pacte un precio por semanas y que el pago sea mensual.

  Debemos tener presente un detalle de máxima importancia a la hora de consignar la cifra a pagar en el contrato, y es especificar que se trata de una cantidad bruta, es decir, sobre la misma se efectuará la correspondiente retención de IRPF y las cuotas de Seguridad Social, así como deben entenderse incluidas las prorratas correspondientes a vacaciones y pagas extras. Si, en lugar de hablar de una cantidad bruta, nos refiriéramos a un precio neto, significaría que la productora acabaría pagando una cantidad bastante superior a la reflejada en el contrato.

- **Horario.** El técnico debe tener un horario flexible, que esté en función del plan de trabajo y al que permita dar cumplimiento. Hay que contemplar la posibilidad de que preste sus servicios cualquier día de la semana tanto durante el día como durante la noche.

  Sobre esta cláusula hay que hacer un par de puntualizaciones referidas a la fijación de límites que deben respetarse:

    - El Convenio Colectivo de la Industria de Producción Audiovisual (Técnicos) establece que no pueden transcurrir menos de doce horas entre la finalización de la sesión de rodaje de un día y la convocatoria de la siguiente.

    - Asimismo, dicho convenio obliga a que haya un descanso semanal de un mínimo de 36 horas.

- **Lugar de trabajo.** Es frecuente que la preproducción de una película se haga en un lugar y el rodaje en otro distinto o que, incluso, el propio rodaje sea en diferentes ciudades o países. Por ello el trabajador debe comprometerse a prestar sus servicios en el lugar donde le indique la productora. No obstante, en el caso de tener que desplazarse fuera de su núcleo urbano, la productora se hará cargo de los gastos tanto del desplazamiento como del alojamiento y comida.

- **Títulos de crédito.** El trabajador, si ha cumplido con las obligaciones contraídas en el contrato, tendrá derecho a aparecer en los títulos de crédito de la obra especificando su cargo.

- **Incumplimiento.** Se recogen posibles incumplimientos de las partes. En el modelo de contrato expuesto se han enumerado las causas más frecuentes de incumplimiento por parte del trabajador. No obstante, también podría existir un incumplimiento por parte de la productora, siendo la principal causa el no abonar al trabajador el salario.

Junto a la enumeración de los posibles incumplimientos, suele concretarse cuál será la consecuencia de los mismos, tal como la rescisión del contrato o el deber de pagar una indemnización a la otra parte por los perjuicios causados.

- **Elección de la jurisdicción** a la que someterse en caso de litigio.

En la elaboración del contrato de trabajo entre el técnico y la productora habrá que cumplir, además de con la legislación laboral aplicable, con lo dispuesto en el Convenio Colectivo de la Industria de Producción Audiovisual (Técnicos), de obligado cumplimiento en todo el territorio español.

Analizado el contrato con los técnicos de una obra audiovisual, vamos a referirnos ahora al contrato de actor, puesto que, como hemos avanzado, es en la preproducción cuando se procede a la contratación del equipo, tanto técnico como artístico. Al igual que hemos hecho en el caso anterior, antes de abordar los diferentes aspectos contractuales de la relación entre un actor y una productora, vamos a transcribir un contrato básico de actor.

CONTRATO DE ACTOR
REUNIDOS

De una parte, (nombre y apellidos), en nombre y representación de la Sociedad ....
...., en su calidad de .... con domicilio en la ciudad de
.... (CP............), calle ...., nº .... y NIF
.................................., de ahora en adelante la PRODUCTORA.
Y de otra parte, ..., de nombre artístico .
.............................., mayor de edad, con domicilio en la ciudad de ....calle
.... nº ...., con DNI .... y número de afiliación a la Seguridad Social ....,
representado en este acto por .... en calidad de representante, que actúa en nombre y representación del actor de la Sociedad ...., con domicilio en la ciudad de ....
...... (CP ....), calle .... y con NIF .... de ahora en adelante el ACTOR.

EXPONEN

1. Que la PRODUCTORA iniciará en próximas fechas el rodaje de una película cuyo título provisional es "..." (de ahora en adelante la OBRA) y está interesada en la contratación del ACTOR para interpretar uno de los personajes.
2. Que el ACTOR tiene interés en ser contratado por la PRODUCTORA.

Ambas partes se reconocen capacidad legal suficiente para contratar y, de mutuo acuerdo, pactan el presente contrato de trabajo por obra determinada sometiéndose a los siguientes

PACTOS

PRIMERO. El objeto del presente contrato es la contratación del ACTOR para interpretar el papel de "(poner nombre del personaje)" en la categoría de (protagonista, principal, secundario) en la OBRA cuyas características son las siguientes: ....
....

El ACTOR conoce y acepta el guión, sin perjuicio de las posibles modificaciones posteriores que la PRODUCTORA pudiera efectuar en el mismo.

SEGUNDO. El ACTOR prestará sus servicios a la PRODUCTORA entre el día .... de .... de .... y el .... de .... de .... No obstante, únicamente se considerarán días efectivos de trabajo aquellos en los que el ACTOR esté físicamente en el rodaje.

TERCERO. El trabajo del ACTOR consiste en la interpretación del personaje "................................. ...." bajo las órdenes del Director escogido por la Productora. Asimismo, se entienden (o no, según se pacte) incluidas en sus servicios las sesiones de ensayo necesarias así como las de fotofija y todos aquellos otros necesarios para el buen fin de la producción como la promoción de la OBRA y las pruebas de maquillaje y peluquería.

CUARTO. El número de sesiones previstas es de (número de sesiones) que se realizarán los días ....

QUINTO. El actor percibirá como contraprestación por sus servicios la cantidad de .... euros brutos (por sesión, semana, mes) que se pagarán de la siguiente forma: ....
Como pago por la cesión de derechos, la PRODUCTORA pagará al ACTOR una remuneración única, adicional y separada de .... euros, equivalente al 5% del salario pactado.
De la cantidad bruta total a percibir por el ACTOR, la PRODUCTORA retraerá él .... % que abonará a su representante, previa presentación de la factura correspondiente.

SEXTO. La jornada de trabajo del ACTOR se establecerá en función del plan de trabajo y de las necesidades de la producción estableciéndose la jornada de rodaje en .... horas.
No podrán transcurrir menos de 12 horas entre la finalización de la sesión de rodaje de un día y el inicio de la siguiente.
La convocatoria de trabajo será comunicada al ACTOR con una antelación mínima de 12 horas, fijándose a la finalización de cada una de las sesiones el aviso de convocatoria para la siguiente.

SÉPTIMO. En el supuesto de desplazamiento fuera de su residencia habitual, la PRODUCTORA correrá a cargo de los gastos de desplazamiento, alojamiento así como comida.

OCTAVO. El ACTOR cede a la PRODUCTORA los siguientes derechos: de fijación, reproducción, distribución, comunicación pública, disposición al público, doblaje y subtitulado.
El plazo de cesión será el máximo que, al efecto, prevé la Ley de Propiedad Intelectual y el ámbito geográfico de la cesión es todo el mundo.
Asimismo, el ACTOR autoriza a la PRODUCTORA para la utilización de secuencias, fragmentos o imágenes de la OBRA de manera que éstas puedan ser utilizadas en forma aislada y explotadas en cualquier forma.

NOVENO. En los títulos de crédito de la OBRA, el nombre artístico del ACTOR aparecerá de la siguiente manera: ....

DÉCIMO. El ACTOR se compromete a participar activamente en la promoción de la OBRA mediante la asistencia a programas de radio y televisión, entrevistas, festivales y cualquier otro que considere oportuno la PRODUCTORA. Para ello, la PRODUCTORA deberá avisarlo con una antelación mínima de .... horas de los actos públicos promocionales en que deba participar el ACTOR.

UNDÉCIMO. El presente contrato podrá resolverse en los siguientes supuestos: ....

DUODÉCIMO. En caso de discrepancia en la interpretación o ejecución de este contrato, las partes se someten expresamente a la jurisdicción de los Juzgados y Tribunales de la ciudad de .... Y, en prueba de conformidad con todo lo que antecede, firman el presente contrato en la ciudad de .... el día .... de .... de ....

Firma de LA PRODUCTORA y el ACTOR

Una vez leído este modelo básico de contrato, vamos a detenernos en cada una de las cláusulas para analizar qué vínculos contractuales se establecen entre el actor y la productora.

- **Objeto del contrato.** A partir del momento de la firma del contrato, el actor habrá contraído la obligación de interpretar a un determinado personaje en la obra que la productora va a producir. Y deberá hacerlo en las condiciones que hayan pactado. Los elementos esenciales a determinar en esta primera cláusula son:
    - El *nombre del personaje* que interpretará el actor, ya que será a ése y no a ningún otro al que deberá dar vida.
    - La *categoría del personaje:* protagonista, principal, secundario o cualquier otra.
    - *Características de la obra* entre las que pueden incluirse el título (provisional o definitivo), la duración, el director y el guionista.
    - *Declaración del actor* referida al conocimiento que tiene del guión y que lo acepta. De esta manera, la productora pretende protegerse ante un actor que cambie de opinión y decida no interpretar al personaje alegando que el guión que tiene no es el que él leyó a la hora de aceptar la contratación. Por supuesto, la productora se reserva (y el actor lo acepta) que el guión pueda sufrir algunas pequeñas modificaciones que no afectarán sustancialmente al mismo.

- **Vigencia.** Hacemos referencia al periodo de tiempo durante el cual el actor debe prestar sus servicios a la productora. A veces, esta vigencia se extiende algo más que las fechas en las que tiene previsto actuar (ya que debe acudir a ensayos, pruebas, lecturas de guión, etc.). Por esta razón es por la que se concreta que solo se consideran días efectivos de trabajo (o sea, las sesiones propiamente dichas) aquellos en los que esté físicamente en el rodaje.

- **Servicios.** Cuando una productora contrata a un actor, se sobreentiende que éste no solo debe interpretar al personaje sino que también debe prestar otra serie de servicios. Entre ellos podemos enumerar a título meramente enunciativo: pruebas de maquillaje y peluquería, ensayos, promoción de la obra y doblaje.

- **Número de sesiones.** Concreción de una cifra que vendrá definida por el plan de trabajo. Se deberá intentar ser lo más preciso posible, ya que si se contrata al actor por un determinado número de sesiones y acaba haciendo menos, es posible que la productora esté obligada a pagar la sesión que contrató pero que no necesitó. Si, por el contrario, se contrata al actor por un número de sesiones inferior al que se necesita, luego puede aparecer un problema con la agenda del actor o que el precio que pida por la sesión adicional sea superior al de sus anteriores sesiones.

- **Contraprestación.** Existen dos maneras de retribuir al actor por su trabajo: a tanto alzado y por sesión. En el primer caso, se acuerda una cifra global, lo cual no evita tener que concretar el número de sesiones que incluye ese precio. En el segundo caso se paga por sesión, de manera que el precio se establece por esa única sesión. El tanto alzado se utiliza en el caso de los actores que interpretan personajes protagonistas o principales (y de esta manera se puede conseguir una rebaja en el precio que cobrarían por una sesión individual) y la remuneración por sesión se utiliza en el resto de supuestos.

  Al igual que ocurría con la retribución de los técnicos, aquí también debe especificarse que el precio pactado es bruto, es decir, sobre el cual se efectuarán las retenciones debidas.

  Cuando se acuerda una cifra entre el actor y la productora, debe dejarse claro en el contrato qué engloba ese importe.

  Los conceptos por los que cobra un actor son:

    1. Su interpretación, así como el resto de servicios que debe prestar a la productora y a los que nos hemos referido antes: ensayos, pruebas de vestuario, etc.

    2. La cesión de los derechos de fijación, reproducción y distribución sobre la obra. Por esta cesión, el actor cobra un importe que equivale al 5% del total del salario pactado.

    3. La indemnización por cese establecida en el artículo 3 del Real Decreto Ley 5/2001 de 2 de Marzo.

       Y es también muy importante especificar si la comisión del representante está o no incluida en el precio que acordamos en el contrato. El importe de esta comisión será el que nos indique el actor o su representante, ya que es un acuerdo entre ellos en el que no interviene la productora.

- **Jornada de trabajo.** Se determina en función de las necesidades de rodaje y podrá ser durante el día o la noche, cualquier día de la semana. Hay que respetar unos límites:

    – No pueden transcurrir menos de doce horas entre la finalización de una sesión y el inicio de la siguiente.

- La convocatoria de trabajo será fijada al actor con una antelación mínima de doce horas.

- **Desplazamientos. Dietas.** Si el actor debe desplazarse a un lugar distinto al de su residencia habitual, la productora corre con los gastos de desplazamiento, alojamiento y comida. Asimismo, se determina una cuantía en concepto de dietas.

- **Cesión de derechos.** La productora debe obtener del actor la cesión en exclusiva, por el máximo tiempo que permite la Ley y para su explotación en todo el mundo, los siguientes derechos:
    - Derechos de *fijación*. Permiten la impresión de su actuación, incorporada a la obra, en un soporte o medio que hará posible su reproducción, comunicación pública y distribución.
    - Derechos de *reproducción*. Se entiende como la fijación de su actuación, incorporada a la obra, en un medio que permita por cualquier sistema o procedimiento su incorporación y la obtención de copias de la totalidad o de partes o fragmentos de ella.
    - Derechos de *distribución*. Consiste en la puesta a disposición del público de la fijación de la actuación en cualquier soporte, formato, sistema o procedimiento mediante su venta, alquiler, préstamo o cualquier otra forma de transferencia temporal o definitiva de la posesión y/o propiedad.
    - Derechos de *comunicación pública*. De modo que el actor autoriza a permitir que una pluralidad de personas tenga acceso a la obra sin que exista previa distribución de ejemplares de la misma.
    - Derecho de *disposición al público*. Para que pueda colgarse en Internet.
    - Derechos de *doblaje y subtitulado*. Permite hacer las necesarias adaptaciones para doblar o transcribir la versión original de la obra a cualquier idioma.

- **Títulos de crédito.** Se concreta cómo aparecerá el nombre artístico del actor: posición, tamaño, si irá en cartón individual o compartido, si es colaboración especial, etc.

- **Promoción.** El trabajo del actor no debería finalizar cuando termina sus sesiones, sino que es importante su colaboración en la promoción de la película. Esto tiene especial relevancia si contamos con un actor reconocido, ya que su participación en las actividades de promoción puede resultar de gran utilidad y ayudar a aumentar los ingresos de la película.

La promoción de la película, frecuentemente, tiene lugar bastante tiempo después de finalizado el rodaje. Esto significa que, lo más probable, es que el actor tenga otros compromisos que le impidan implicarse en dicha promoción al cien por cien. Por eso, y pese a que deba tener disponibilidad para la promoción, habrá que avisarlo con la antelación suficiente y ponerse de acuerdo con él en las fechas.

Y tan importante como participar en el lanzamiento del filme es evitar que hable mal de él, ya que los comentarios negativos por parte de quien ha sido parte importante en la realización de la obra, pueden acarrear importantes perjuicios.

- **Resolución del contrato.** Se enumeran los supuestos en los que se permita, por una u otra parte, resolver el contrato. Entre los habituales se encuentran los siguientes:
    - Impuntualidad reiterada e injustificada del actor en el rodaje, así como la no asistencia al mismo o presentarse en malas condiciones.
    - Que el actor no se someta a las instrucciones dadas por el director de la película.
    - Impago por parte de la productora de las cantidades adeudadas al actor por su trabajo.
- **Elección de la jurisdicción competente.** En caso de conflicto en la interpretación de los términos del contrato o en su ejecución, deben quedar establecidos a qué Juzgados y Tribunales se acudirá para dirimir estas desavenencias.

3.2. EL RODAJE

Una vez concluida la fase de la preproducción, nos metemos de lleno en la etapa del rodaje de la película. Su duración variará dependiendo del tipo de película. La media para una película española ronda entre las 7 y 10 semanas.

El productor no debe olvidarse de comunicar al ICAA el inicio del rodaje mediante el siguiente modelo:

MINISTERIO DE CULTURA

INSTITUTO DE LA CINEMATOGRAFÍA Y DE LAS ARTES AUDIOVISUALES

<u>**COMUNICACIÓN DE INICIO DE RODAJE**</u>

D/doña ....
NIF. .... en su calidad de ....

de la empresa cinematográfica ....
CIF/NIF ....,con domicilio en ....
calle .... núm. .... C. P. ....
teléfono .... fax .... inscrita en el Registro Administrativo de
Empresas Cinematográficas con el número .... Sección ....

COMUNICA que el rodaje de la película española de CORTO/LARGO metraje, cuyos datos se indican al dorso, titulada

....
....

COMENZARÁ: (1)

En .... , a ...... de .... de ....

Firmado: ....

....
(1) Indicar lugar, día, mes y año

NOTA: El inicio del rodaje deberá comunicarse en un plazo no inferior a los quince días anteriores en que tenga lugar.

ILMO. SR. DIRECTOR GENERAL DEL INSTITUTO DE LA CINEMATOGRAFÍA Y DE LAS ARTES AUDIOVISUALES.

Ministerio de Cultura, Madrid.

El primer día de rodaje se incorpora el resto del equipo que participa en la película. Entre ellos: auxiliar de dirección; auxiliar de producción; meritorios de dirección, producción y del resto de departamentos; director de fotografía; operador de cámara; ayudante de cámara; foquista; foto fija; técnico de video; técnico de combo; personal de la segunda unidad; asistente de rodaje; *catering*; técnico de sonido; microfonista; refuerzo de vestuario; jefe de maquillaje y peluquería así como su ayudante; maquinista; jefe de eléctricos; los eléctricos; grupista; conductores; cajero-pagador y valleros.

Cada uno de ellos debe cumplir óptimamente con su trabajo para evitar alterar la planificación prevista, para rentabilizar al máximo tiempo y dinero y para conseguir la calidad exigida en el producto final: la película.

Como la descripción de todas las funciones de las decenas de personas que intervienen en un rodaje, nos alejaría del objetivo de este libro, vamos a centrarnos solo en algunos de ellos:

- El *director.* Dirige a los actores y decide la posición y el encuadre de la cámara.

- Los *actores.* Interpretan a los personajes siguiendo las instrucciones del director.

- El *director de fotografía.* Es el responsable de la imagen de la película. Trabaja con el director de iluminación cuestiones como la preparación de las tomas y el movimiento de las cámaras. También diseña la iluminación con el jefe de electricidad y es el encargado del equipo de cámaras. Es el responsable último de que la toma se grabe de forma adecuada en la película.

- El *primer ayudante de dirección.* Motor del rodaje, es el responsable directo del set cuando el rodaje se pone en marcha y debe conseguir que se rueden todos los planos previstos para el día de forma óptima. Hace de puente entre el equipo y el director.

  Se encarga de elaborar las órdenes de trabajo diarias. Éste es un ejemplo de orden de trabajo:

LEYENDA FILMS
C/ París 199 ppal 2B
Barcelona (08036)
Tlf. 93 368 05 22

DIRECTOR: XXX XXXX

"Título de la película" Un film de xxx xxx	
ORDEN DE RODAJE Nº 10	**TELÉFONOS DE RODAJE**
2 de Agosto de 2008 Día de Rodaje: 10	Producción: xxxxxx (nombre personal) xxxxxx (nombre personal)
Hora de citación: 8:30h Horario de rodaje: 8:30 h. a 19:30h. Listos para rodar: 10h.	Dirección: xxxxxx (nombre personal) xxxxxx (nombre personal)
Horario Solar Salida: 6:54h. Puesta: 20:32h.	Café y pastas: 8:00h. Bocadillos: 11:30h. Comida: 14:00h.
LOCALIZACIÓN: C/xxxxx esquina c/xxxx	

ORDEN DE TRABAJO

SEC.	EFECTO	DECORADO	SINOPSIS	PÁG.
22	Int/tarde	BAR CHICA	María y Pedro discuten y ella le cuenta el secreto	5 3/8

CITACIONES

EQUIPO TÉCNICO

Director	7:30h.	Dir.foto	8:00h.	Decoración		FX	
Ayte.dir	7:30h.	Cámara	8:00h.	Atrezzo	8:00h.		
Script	7:30h.	Jefe elect	8:00h.	Maq/peluq	8:00h.		
Eq.direc	7:30h.	Elec/Maqui	8:00h.	Vestuario	8:00h.		
Produce.	7:30h.	Sonido	8:00h.	Foto fija			

EQUIPO ARTÍSTICO

PERSONAJES

PERSONAJE	ACTOR	SEC.	Recogida	VEST.	MAQ/PEL	ON SET
MARÍA	Nombre actriz	52	8:00h			8:30h
PEDRO	Nombre actor	52	8:00h			8:30h

FIGURACIÓN

ESPECIAL	SEC.	VEST.	MAQ.	PEL	ON SET
Camarero Bar	52				8:30h
NORMAL					
20 H/M Bar	52				8:30h

NECESIDADES EQUIPO TÉCNICO

DECORACIÓN/AMBIENTACIÓN

ATREZZO
Bebidas / bolso/ patatas/ reloj

VESTUARIO

FOTOGRAFÍA

ELECT./MAQUINISTA

SONIDO

FX

PRODUCCIÓN
Reservas de aparcamiento

VEHÍCULOS

ANIMALES

VARIOS

AVANCE RODAJE PRÓXIMO DÍA
HORARIO DE RODAJE: 8:30h. a 19:00h.

SEC.	EFECTO	DECORADO	SINOPSIS	PÁG.
34	Int/día	PISO CHICO	María y Pedro se reencuentran	3 4/8

Firma del ayudante de dirección y firma del jefe de producción

- El *segundo ayudante de dirección* lleva el registro de actores y de las escenas rodadas, contabiliza las horas extra trabajadas y ayuda en el desarrollo del rodaje con tareas como la confección de las órdenes del día, que luego pasa a la *firma* al primer ayudante de dirección o estando con los actores. Si no hay auxiliar de dirección, también se responsabilizará de recoger y traer a los actores. En caso de haber auxiliar, estas idas y venidas del equipo artístico recaen en dicho auxiliar.

- *Script.* Apunta cuántas tomas se ruedan de cada escena, cuánto duran, quién actúa en ellas, qué líneas de diálogo se dicen,... También anota los movimientos de la cámara así como las lentes usadas, su posición y los filtros utilizados. Avisa a un actor de si se ha saltado una línea o si nadie más la ha oído, y saca fotografías de la escena para tener presentes el vestuario y los colores que aparecen en ella por si hay que volver a rodarla.

- *Director de producción.* Se asegura de que todo lo que había planeado, junto con el productor, se haga en el tiempo previsto, con los niveles de calidad exigidos y con el presupuesto aprobado. Trabaja estrechamente con el ayudante de dirección, quien le mantiene permanentemente informado y él a su vez mantendrá informado al productor del desarrollo y evolución del rodaje.

    Trabaja con un documento imprescindible: el plan de pagos, que incluye la información que necesita saber el productor sobre cuánto tiene que pagar, a quién y cuándo.

- *Operador de cámara.* Maneja la cámara durante el rodaje.

- *Ayudante de cámara.* Es la persona encargada del cuidado y mantenimiento de la cámara y de todas sus piezas y accesorios.

- *Auxiliar de cámara.* Se dedica a cargar los rollos de película y a rellenar la tablilla de la claqueta.

- *Sonidista.* Responsable de la grabación del sonido.

- *Microfonista.* Maneja los micrófonos que necesitan el jefe o el ingeniero de sonido.

- *Gruista.* Encargado de tener preparada la grúa de la cámara, así como todo el equipo complementario durante el día del rodaje. También maneja la cámara sobre los raíles.

- *Foquista.* Encargado de que la posición de los focos de iluminación se ajuste a lo indicado por el director de fotografía, lo cual implica tener que ajustar su posición durante todo el rodaje.

- *Jefe de eléctricos.* Trabaja con el director de fotografía y se encarga de la iluminación de las escenas. A su cargo tiene al equipo de electricistas.
- *Maquillaje y peluquería.* Estilistas encargados de los peinados y maquillaje de los actores.
- *Encargado de transporte.* Se asegura de que todos lleguen al rodaje. Responsable del movimiento y aparcamiento de todos los vehículos. Tiene a los conductores a su cargo.

Realiza su trabajo en cumplimiento de las órdenes de transporte que recibe. Éste es un ejemplo de este tipo de órdenes:

LEYENDA FILMS
c/ París 199 ppal 2B
Barcelona (08036)
Tlf. 93 368 05 22

"Título de la película"
Un film de xxxx

2/8/2008

ORDEN DE TRANSPORTE

Vehículo/Conductor	Recoge	Dirección	Horario salida	Horario llegada
Coche x	Nombres		7:00h	7:30h
Coche x	Nombre actor	c/ xxxxxxx	7:30h	8:00h
Furgo x				
Furgo x				
Coche x	Nombre actriz	c/ xxxxxxx	7:30h	8:00h
Coche x				

- *Ayudante de vídeo.* Maneja una pequeña cámara de vídeo a través de cuyo visor el director puede revisar el enfoque del operador de cámara y comprobar que la toma será tal y como él la quería.

Finalizado el rodaje, de nuevo el productor debe dirigirse al ICAA, esta vez para comunicarle el fin del rodaje a través del siguiente modelo oficial:

MINISTERIO DE CULTURA
INSTITUTO DE LA CINEMATOGRAFÍA
Y DE LAS ARTES AUDIOVISUALES

COMUNICACIÓN DE FIN DE RODAJE

D./Doña ....

NIF ...., en su calidad de ....

de la empresa cinematográfica ....

CIF/NIF .... con domicilio en ....

calle .... núm. ...., C. P. ....

teléfono .... fax .... inscrita en el Registro Administrativo de Empresas

Cinematográficas con el número ...., Sección ....

COMUNICA que el día .... de .... de .... finalizó el rodaje de la película española de CORTO/LARGO metraje titulada ....

En ....,a .... de .... de ....

Firmado:

Notas: 1. El plazo máximo para comunicar el fin de rodaje es de treinta días desde que este hecho se produzca.

ILMO. SR. DIRECTOR GENERAL DEL INSTITUTO DE LA CINEMATOGRAFÍA Y DE LAS ARTES AUDIOVISUALES.
Ministerio de Cultura. Madrid.

3.3. LA POSTPRODUCCIÓN

Con el material obtenido en el rodaje, en la fase de postproducción se monta la imagen de la película, se sonoriza y se hacen los efectos. Parte de los trabajos de postproducción acostumbran a solaparse con el rodaje ya que, mientras se rueda, se va montando parte del material. De esta manera también se comprueba lo ya rodado y que no hayan errores como desenfoques o ralladuras en el negativo.

Los profesionales protagonistas de esta fase son el *montador de imagen y su ayudante*. La implicación del montador es total en la postproducción, aunque puede haber empezado a realizar un primer montaje hacia la segunda o tercera semana de rodaje.

También tendrán especial relevancia el *montador de sonido* (que empezará a trabajar cuando ya haya una primera versión de montaje), el *mezclador* (que mezclará los campos de audio y le dará a cada uno la relevancia que tenga) y el *compositor* (que, aunque ya haya estado en reuniones anteriores con el director, su inmersión total en el proyecto será en esta fase).

El sonido de la película está compuesto por: diálogos (grabados en rodaje con sonido directo o doblados), efectos sala (ruidos que generan los elementos que visionamos en la película, como por ejemplo pasos, agua que cae, etc.) y música, bien preexistente, bien compuesta expresamente para la película y que refuerza el discurso narrativo del filme.

Una vez se inicia la fase de postproducción, la mayoría del equipo contratado para la película finaliza su relación con la productora. Sin embargo, hay una serie de personas que siguen siendo necesarias y permanecen alguna/s semana/s más:

- *Script.* Elabora y proporciona el guión de rodaje: aquel que ha sido finalmente rodado. Es muy probable que entre el original y el rodado difieran algunas escenas o diálogos.
- *Director de producción.* Supervisa al resto del equipo y cierra el coste total de la película (hasta copia estándar).
- *Jefe de producción.* Devuelve todo aquello que le han prestado para la producción y liquida cuentas pendientes.
- *Regidor.* Al igual que el jefe de producción, el regidor devuelve lo prestado, alquilado y liquida cuentas.
- *Vestuario.* Exactamente lo mismo que el jefe de producción y el regidor.
- *Secretaria de producción.* Cierra las altas y bajas del personal contratado y se encarga de entregar las nóminas.
- *Director,* que trabaja codo a codo con el montador.
- *Productor.* Sigue supervisando que todo se ajusta al diseño de producción que había elaborado.

Actualmente es casi imposible encontrar profesionales que todavía monten la imagen en la tradicional moviola con la que empalman los planos manualmente. La evolución de la tecnología y los diferentes programas informáticos de edición han conseguido que la práctica habitual sea telecinar el negativo para editarlo en vídeo.

Una vez el productor ha dado por definitivo el corte de imagen y la mezcla de sonido, se manda al laboratorio para la obtención de la denominada *copia cero*. Con esta copia, el director de fotografía etalona (corrige y da uniformidad a los colores) la película.

3.3.1. Nacionalidad española y calificación por edades

La Ley 55/2007 de 28 de diciembre, del Cine, dedica su artículo 5 a la "Nacionalidad de las obras cinematográficas y audiovisuales", estableciendo cuándo una obra audiovisual es considerada de nacionalidad española. Como principio básico se determina que una obra ostenta la nacionalidad española cuando ha sido realizada por una productora española o por una productora de un Estado miembro de la Unión Europea establecida en España, siempre y cuando se cumplan los siguientes requisitos:

- El 75% de los autores (según la definición de autor que da la Ley de Propiedad Intelectual) de la obra deben ser españoles o nacionales de otros países de la Comunidad Europea, de los Estados parte en el Acuerdo sobre el Espacio Económico Europeo, o deben poseer tarjeta o autorización de residencia en vigor en España o en cualesquiera de dichos Estados.

    Se exige siempre que el director de la película cumpla este requisito.

- El 75% del equipo técnico-artístico tiene que ser español o cumplir los requisitos de nacionalidad o residencia establecidos en el párrafo anterior.

- La versión original de la película sea preferentemente en alguna de las lenguas oficiales de España.

- El rodaje (salvo exigencias del guión) y la postproducción se realicen en territorio español o de otros Estados miembros de la Comunidad Europea.

En el caso de que una obra sea coproducida con terceros países, para considerar si la película merece o no la nacionalidad española, deberá haberse cumplido con los requisitos impuestos por la legislación específica, por los Convenios Internacionales al amparo de los cuales hayan coproducido y aquellos que afectan a la Comunidad Iberoamericana de Naciones.

La calificación de una película por grupos de edades (artículo 8 de la Ley 55/2007 de 28 de diciembre, del Cine) es obligatoria para poder comercializarla en España. La productora o distribuidora deberá solicitar (mediante instancia oficial) al ICAA que la película en cuestión sea calificada y tendrá que adjuntar una serie de documentación, entre ella:

- Copia de la película en el mismo formato, color y demás características en que será proyectada y en buenas condiciones técnicas. Esta copia deberá ser depositada en la cabina del ICAA.

- Sinopsis de la película.

- Si la lengua oficial no es la castellana, deberá adjuntarse traducción de los diálogos, comentarios y canciones originales, con indicación de los rollos, escenas o secuencias en que se encuentran.

- Relación, en modelo oficial, del personal técnico y artístico, lugares de rodaje, laboratorios y estudios que han intervenido en la realización de la película.

- Títulos de crédito y año de producción.

- Comprobante de haber abonado las tasas para el visionado y el certificado de calificación.

- Acreditación de haber solicitado o efectuado el depósito legal.

El modelo oficial de instancia para la calificación es el siguiente:

MINISTERIO DE CULTURA

CALIFICACIÓN DE PELÍCULAS Y OBRAS AUDIOVISUALES PARA SU EXPLOTACIÓN EN SALAS CINEMATOGRÁFICAS

INSTITUTO DE LA CINEMATOGRAFÍA Y DE LAS ARTES AUDIOVISUALES

☐ PELÍCULA   ☐ AVANCE

D./D.ª ...., NIF ....
en su calidad de ...., de la Empresa ....
CIF/NIF ....,inscrita en el Registro de Empresas Cinematográficas y Audiovisuales con el número ...., con domicilio en; calle o plaza ....
C.P ...., localidad .... provincia ....
........................, teléfono ...., fax ....

E X P O N E : que como titular de los derechos de explotación de la película u obra audiovisual cuyos datos se indican a continuación:

TÍTULO ORIGINAL (1) ....
TÍTULO DE COMERCIALIZACIÓN (1) ....
NACIONALIDAD .... AÑO DE PRODUCCIÓN ....
EMPRESA/S PRODUCTORA/S ....
....
DIRECTOR/ES ....
INTÉRPRETES PRINCIPALES ....
AUTOR/ES DEL ARGUMENTO ....
AUTOR/ES DEL GUIÓN ....
DTOR. DE FOTOGRAFÍA .... MÚSICA ....
FORMATO DE PROYECCIÓN .... PASO DE BANDA ....
PELÍCULA EMULSIONADA EN B/N .... COLOR .... SISTEMA COLOR ....
LONGITUD EN METROS .... DURACIÓN EN PASO NORMAL ....
GÉNERO .... IDIOMA ORIGINAL DE REALIZACIÓN ....
VERSIÓN PARA LA QUE SE SOLICITA LA CALIFICACIÓN (2) ....

S O L I C I T A : Que a la vista de la documentación presentada, que al dorso se relaciona, sea calificada la obra indicada para su explotación en salas cinematográficas, considerando que el grupo de edad del público al que debe ser destinada es................................ y el tipo de salas........................

En ...., a .... de .... de ....

Firmado: ....

....
(1) Si se trata de una serie deberá indicar el título genérico, si lo tuviera, así como los títulos de los capítulos.
(2) Indicar versión e idioma.
NOTA: En caso de que el solicitante sea el productor de la película y ésta haya sido realizada por más de un productor, cada uno de ellos deberá cumplimentar su solicitud.

ILMO. SR. DIRECTOR GENERAL DEL INSTITUTO DE LA CINEMATOGRAFÍA Y DE LAS ARTES AUDIOVISUALES
Ministerio de Cultura. Madrid.

DOCUMENTACIÓN QUE DEBE ACOMPAÑAR A LA SOLICITUD DE CALIFICACIÓN DE PELÍCULAS Y OBRAS AUDIOVISUALES PARA SU EXPLOTACIÓN EN SALAS CINEMATOGRÁFICAS

A. Contrato de explotación o declaración realizada en documento público, en el que resulte suficientemente acreditada la cadena de transmisiones de los derechos de explotación, donde se haga constar la identificación mercantil de la empresa que los transmite al solicitante y su domicilio social, derechos que se transmiten con expresión del soporte de que se trate, ámbito territorial y temporal de los mismos, título original, metraje o duración, según el soporte, nacionalidad y versión, y en su caso traducción del mismo (Documento original o fotocopia con diligencia de cotejo) (1)

B. Copia integra de la obra, con las mismas caracteristicas en que vaya a ser exhibida en salas, la cual se depositará en la cabina del Instituto de la Cinematografía y de las Artes Audiovisuales. (2) En la cabecera de la copia deberá figurar el nombre de la empresa distribuidora, en su caso.

C. Sinopsis argumental de la obra.

D. Si la lengua original no es la castellana o una de las lenguas oficiales en alguna Comunidad Autónoma, se presentará, además, texto completo traducido de los diálogos.

E. Títulos de crédito.

F. Ficha técnico-artística y de realización de la película (pág. 1,2,3 y 4) (3).

G. Certificado de nacionalidad de la obra expedido por el organismo oficial competente del país de producción o, en su defecto, documento acreditativo de la misma, legalizado en el país de producción, que deberá contener al menos el título original, duración o metraje según el soporte de que se trate, productora, año de producción, nacionalidad, autores e interpretes principales (Documento original o loto-copia con diligencia de cotejo) (4).

H. Certificado de despacho de aduanas, cuando proceda (4).

I. Pago de la tasa por examen de películas cinematográficas.

DOCUMENTACIÓN QUE DEBE ACOMPAÑAR PARA UN AVANCE la señalada en los apartados A.B. e I.

(1) No es necesario en caso de que sea el productor de la obra quién solicita la calificación.

(2) El depósito de la copia en cabina del Instituto de la Cinematografía y de las Artes Audiovisuales, así como la documentación exigida, será requisito indispensable para que empiece a contar el plazo de un mes a que se refiere el Art. 16.2 del R.D. 81/1997, de 24 de enero.

(3) Sólo para obras españolas.

(4) Sólo para obras extranjeras.

FICHA ARTÍSTICA

En caso de utilizar nombre artístico, indíquese éste al lado del nombre y apellido.

TÍTULO _____

PERSONAJES	NOMBRE Y APELLIDOS	D.N.I	NACIONALIDAD (*)
1.º			
2.º			
3.º			
4.º			

1.º			
2.º			
3.º			
4.º			
5.º			
6.º			
7.º			
8.º			

1.º			
2.º			
3.º			
4.º			
5.º			
6.º			
7.º			
8.º			
9.º			
10.º			
11.º			
12.º			

OBSERVACIONES (*)

(*) Se entenderá que la nacionalidad indicada, tanto en el equipo técnico como en el artístico, corresponde con la aportación económica de dicho país. En caso de nacionalidad ajena a los países coproductores, se indicará el país coproductor a cuyo cargo irá el correspondiente coste.

EQUIPO TÉCNICO

> En caso de utilizar nombre artístico, indíquese éste al lado del nombre y apellido.

TÍTULO _____

CARGO	NOMBRE Y APELLIDOS	D.N.I o N.I.F.	NACIONALIDAD (*)
Director			
Ayudante dirección			
Ayudante dirección			
Secretaria de rodaje			
Argumento			
Adaptación			
Guión			
Guión			
Diálogos			
Diálogos			
Director producción (ejecutivo)			
Jefe de producción			
Jefe de producción			
Ayudante de producción			
Ayudante de producción			
Regidor de rodaje			
Regidor de rodaje			
Director de fotografía			
Operador 2.ª unidad			
Segundo operador 1.ª unidad			
Segundo operador 2.ª unidad			
Foquista 1.ª unidad			
Foquista 1.ª unidad			
Fotofija			
Maquillador Jefe (A. estelares)			
Maquillador Jefe (principales)			
Ayudante de maquillaje			
Ayudante de maquillaje			
Peluquería			
Peluquería			
Ayudante de peluquería			
Montador Jefe			
Ayudante de montaje			
Jefe de sastrería			
Figurinista			
Decorador Jefe			
Ambientador			
Ayudante de decoración			
Ayudante de decoración			
Maquetista			
Constructor de decorados			
Efectos especiales			
Efectos especiales			
Armero			
Jefe de sonido en rodaje			
Operador de sonido			
Microfonista			
Autores de canciones			
Autores de canciones			
Autores de canciones			
Compositor música de fondo			
Coreógrafo			
Asesores especiales			
Asesores especiales			
Asesores especiales			

La realización del proyecto 125

Hoja núm. 3

TÍTULO _____

Metraje _____ Metros. Color _____ Sistema _____
Coste total de la película _____ pesetas.
Si se trata de coproducción, el coste de la parte española asciende a _____
_____ pesetas.

Productoras _____ Países _____ %
- _____ - _____ %
- _____ - _____ %
- _____ - _____ %

Material importado para la realización de la película
_____
_____
_____

Material exportado para la realización de la película _____
_____
_____

Mod. 600

Hoja núm. 4

TÍTULO _____

PLAN DE REALIZACIÓN DE LA PELÍCULA

LUGARES DE RODAJE:

Estudios en España _____	Días de rodaje _____
Estudios en _____	Días de rodaje _____
Estudios en _____	Días de rodaje _____
Exteriores en España _____	Días de rodaje _____
Exteriores en _____	Días de rodaje _____
Exteriores en _____	Días de rodaje _____
Interiores naturales en España _____	Días de rodaje _____
Interiores naturales en _____	Días de rodaje _____
Interiores naturales en _____	Días de rodaje _____
Interiores naturales en _____	Días de rodaje _____

Laboratorio revelado en España _____
Laboratorio revelado en _____
Estudios sonorización (Música _____)
Estudios sonorización (Efectos _____)
Estudios sonorización (Banda Internacional _____)
Estudios doblaje versión A _____
Estudios doblaje versión B _____
Estudios sonorización versión A _____
Estudios sonorización versión B _____
Montaje y corte de negativo en _____

Mod. 601

Para las coproducciones internacionales, debe adjuntarse también copia de la Resolución que aprueba el proyecto de coproducción.

Una vez la película haya sido visionada por la Comisión de Calificación, ésta enviará un informe al Director del Instituto de la Cinematografía y de las Artes Audiovisuales, que emitirá la resolución que corresponda.

El Real Decreto 2062/2008 que desarrolla la Ley 55/2007 del Cine en su artículo 5.1 prevé que la calificación por grupos de edades del público será:

- Especialmente recomendada para la infancia.
- Para todos los públicos.
- No recomendada para menores de 7 años.
- No recomendada para menores de 13 años.
- No recomendada para menores de 18 años.
- Película X.

Distribución y explotación de la obra audiovisual   4

En esta sección se explica cómo distribuir y explotar adecuadamente el producto audiovisual, analizando las posibilidades y opciones que ofrece la actual industria audiovisual en España.

Canales de distribución

El objetivo de producir una película es su distribución en todos aquellos canales posibles.

Como primer paso, nos referimos a la distribución en salas cinematográficas. Queremos que una pluralidad de personas acuda a las salas de cine, adquieran su entrada y visionen nuestra película.

Sin embargo, la pantalla grande no es el único canal de distribución al que se dirige una película. Contamos también con la televisión, el vídeo o DVD e Internet. En este sentido, existen lo que llamamos *diferentes ventanas de explotación*.

La distribución de una película sigue (por norma general) un recorrido que la lleva a discurrir por diversos canales de distribución, permitiendo que sea explotada (en exclusiva durante un determinado periodo de tiempo) en cada una de estas ventanas de explotación. En resumen, las principales son las siguientes:

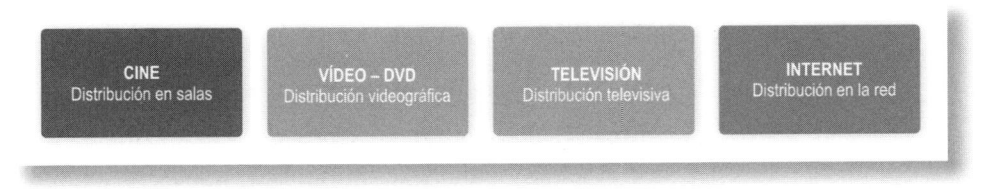

CINE	VÍDEO – DVD	TELEVISIÓN	INTERNET
Distribución en salas	Distribución videográfica	Distribución televisiva	Distribución en la red

Cada vez más, la duración de estas ventanas de explotación se acorta e, incluso, podemos llegar a ver que la película se distribuye simultáneamente en algunos de estos canales.

Sigue, sin embargo, siendo lo más habitual que el primer paso en la distribución de una película sea su acceso a las salas de cine. Posteriormente pasa al alquiler y venta de vídeo, para acabar en las televisiones y, tiempo después, en Internet.

4.1. LA DISTRIBUCIÓN EN SALAS

En este escenario, nos encontramos con tres actores: la productora, la distribuidora y el exhibidor. La productora contrata con una distribuidora y esta distribuidora, a su vez, contrata con el exhibidor.

Entre la productora y la distribuidora existen principalmente dos tipos de acuerdos:

- **Distribución a cambio de una cantidad fija:** el distribuidor paga una cantidad fija al productor. Mediante este pago único, el distribuidor se libera de la obligación de rendir cuentas al productor sobre los ingresos que haga la película. De este modo, el productor "vende" la película durante un tiempo al distribuidor que paga por ella un precio fijo, independientemente de los beneficios que pueda obtener del filme.

- **Distribución a cambio de un porcentaje en los beneficios:** este es el tipo de acuerdo de distribución más extendido en la práctica. Funciona de manera que el distribuidor abona al productor un tanto por ciento de los beneficios que obtenga la película en las taquillas.

La relación entre el productor y el distribuidor queda regulada contractualmente donde se fijan todos los acuerdos entre las partes. Los aspectos fundamentales que recoge el contrato son:

- **Especificación de la obra que se va a distribuir:** se enumeran algunas de sus características esenciales, tales como título, director o actores principales.

    En ocasiones, puede llegar a firmarse un acuerdo marco de distribución que no solo implique la distribución de una única película, sino de varias. En este caso, se describirán todas ellas.

- **Cesión de derechos y medios de explotación:**

    - *Derechos.* Especificar cuáles de estos derechos son cedidos: reproducción, distribución, comunicación pública, transformación, disposición al público, subtitulado, doblaje o cualquier otro que se acuerde.

    - *Para qué territorio/s se ceden esos derechos:* si solo es para el territorio de España, si incluye algún otro, o si bien, se ceden los derechos para la distribución en todo el mundo.

- *Duración de la cesión.* Durante cuánto tiempo se ceden los derechos.

- *Cesión en exclusiva.* Los derechos son cedidos exclusivamente a ese distribuidor quedándole prohibido al productor la cesión de los mismos derechos a otro distribuidor.

- *Autorización para cesiones a terceros.* ¿Se le permite al distribuidor ceder a un tercero esos derechos que le ha cedido el productor? Si la respuesta es positiva, se entiende que la cesión que autorice el distribuidor al tercero debe hacerla en los mismos términos y condiciones en que a él le fue hecha.

- *Medios de explotación.* Se detallan los medios de explotación que cubren cada una de las cesiones de derechos concedidas. Así, se concreta si el distribuidor puede proceder a una explotación cinematográfica, videográfica, televisiva, si incluye o no las ventas internacionales, el *merchandising*, Internet, etc.

— **Contraprestación.** Hay que especificar qué obtiene cada una de las partes de los posibles ingresos que genere la película en cada uno de los medios de explotación contemplados. Como hemos adelantado, lo habitual es que el productor obtenga un determinado porcentaje de los ingresos.

Debemos aclarar que cuando hablamos de ingresos, nos estamos refiriendo a ingresos netos, es decir, los ingresos una vez han sido deducidos los gastos del distribuidor. Por lo tanto, es conveniente que queden detallados cuáles son esos gastos que se le permiten deducir al distribuidor.

El proceso es el siguiente: el exhibidor recibe todos los ingresos que la película genera en la taquilla. De estos ingresos retiene el porcentaje que haya acordado con el distribuidor. Una vez descontado ese tanto por ciento, el resto revierte al distribuidor que, a su vez, deducirá de un lado los gastos que haya acordado con el productor como deducibles y, de otro, su porcentaje. Tras efectuar estas retenciones, abonará al productor el resto.

En esta cláusula —o en otra— debe abordarse el tema del reparto de los gastos entre productor y distribuidor referida a quién de los dos soporta gastos como los de la realización de las copias de la película, de promoción y publicidad, del estreno, doblaje y cualesquiera otros.

— **Materiales a entregar:** enumeración de los materiales que el productor tiene que poner a disposición del distribuidor a fin de que éste pueda proceder a la distribución de la película. El listado de materiales varía dependiendo del medio de explotación en el que la película vaya a ser distribuida.

Algunos materiales son entregados en propiedad, otros en préstamo.

Asimismo, se concreta una fecha de entrega y todo lo relacionado con los portes de transporte, plazo de aceptación de estos materiales así como qué se prevé para el hipotético caso en que el distribuidor no acepte los materiales por no cumplir con las especificaciones pactadas o no tener la calidad necesaria.

En España existen diferentes asociaciones que agrupan a determinadas distribuidoras, representándolas y ofreciéndoles apoyo: FEDICINE (Federación de Distribuidores Cinematográficos), DICA (Distribuidores Independientes Cinematográficos Asociados), ADICAN (Asociación de Distribuidores e Importadores Cinematográficos) o ADICINE (que reúne a las Distribuidoras de cine independiente europeo, oriental y latinoamericano), entre otras.

Cada fin de semana se estrenan en España un buen número de películas, entre ellas, varias americanas que salen al mercado tras una espectacular campaña de lanzamiento y con un elevado número de copias. En tal situación, en muchas ocasiones, una película española lo tiene difícil para captar la atención del público. Pero difícil no significa imposible, como afortunadamente demuestran algunos ejemplos de nuestro cine. Y en este intento de captar al público, la distribuidora juega un papel fundamental.

Lo ideal es que la productora cuente con una distribuidora en los inicios del desarrollo del proyecto pero eso solo suele pasar cuando la distribuidora participa, al mismo tiempo, como productora de ese proyecto. En caso contrario, solo contaremos con una distribuidora cuando la película ya esté finalizada. Y, aún así, tener una película acabada no implica necesariamente encontrar distribuidora. Hay demasiadas películas que se producen y no llegan a las salas de cine.

Si una película no es muy buena, posiblemente la productora tenga serios problemas en encontrar una distribuidora que apueste por ella o, si la encuentra, las condiciones que le ofrezcan pueden no resultarle atractivas. Si, por el contrario, la productora tiene una buena película, es probable que más de una distribuidora quiera distribuirla. Es entonces cuando tendrá que elegir entre ellas. En nuestra opinión, la productora debería optar por aquella distribuidora que no solo le ofrezca las mejores condiciones, sino que confíe en la película, que esté dispuesta a apostar fuerte por ella, a implicarse muy activamente en la promoción y, a ser posible, que tenga experiencia en la distribución de películas similares a la que ahora quieren distribuir.

En España existe variedad suficiente de distribuidoras como para que la productora se dirija a una u otra según la película que haya producido. No es aconsejable ir con un producto independiente a una distribuidora que distribuya filmes comerciales porque ese producto no les interesará y se habrá perdido el tiempo y lo habremos hecho perder. Si, por el contrario, la productora tiene una película comercial, tal vez una distribuidora independiente no satisfaga sus pretensiones de distribución.

Por ello, debe buscarse el tipo de distribuidora que conviene a la película y, entonces, ofrecérsela.

Si bien esta búsqueda resulta bastante accesible a nivel nacional, se complica considerablemente si la productora busca distribución internacional. En este caso, es probable que la productora no tenga un fácil acceso a todos los datos que le permitan evaluar la distribuidora, las condiciones en que le ofrecen distribuir la película, etc. Es posible que la productora conozca relativamente bien mercados como podrían ser el francés, el inglés o el alemán. Sin embargo, ¿qué hay sobre el taiwanés o el sueco, por ejemplo? En supuestos así, la productora tiene dos opciones:

1. Encargarle a la distribuidora nacional del filme también la distribución internacional (para todos o solo algunos territorios). La razón es que una distribuidora conoce ese mercado mucho mejor que la productora porque en eso consiste su trabajo.

2. Contratar a un agente de ventas que, por su profesionalidad, también es experto en el mercado internacional.

Según cifras del ICAA, en el año 2007, las distribuidoras con mayor recaudación en España fueron, por este orden, las siguientes:

1. Warner Bros Entertainment España SL.
2. Universal Pictures International Spain SL.
3. Hispano Foxfilm SAE.
4. The Walt Disney Company Iberia SL.
5. Sony Pictures Releasing de España SA.
6. Aurum Producciones SA.
7. DeA Planeta SL.
8. Tripictures SA.
9. Sociedad General de Derechos Audiovisuales SA.
10. Alta Classics SLU.

Entre todas ellas, acumularon una cifra cercana a los 586 millones de euros, por tanto, más del 90% de toda la recaudación hecha en España. Tras el *top ten*, se sitúan otras distribuidoras como Manga Films, Notro Films, Wanda Visión, Golem Distribución o Vértigo Films, entre otras.

Cuando hemos aludido al hecho de que la productora debe intentar implicar a una distribuidora que crea en el potencial de la película y esté dispuesta a participar muy activamente en la promoción de la misma, es porque existe una relación muy directa entre la recaudación que hace un filme en la taquilla y la promoción que ha tenido.

La primera acción que debe llevar a cabo la distribuidora es el diseño de un plan de promoción que incluya todas las acciones que se ejecutarán para dar a conocer la película. Para esto, previamente, habrá tenido que determinar cuál es el perfil del público cuya atención se intentará captar. En función de este perfil se elaborará una estrategia u otra.

La identificación del público potencial es definida en función de los siguientes criterios básicos:

– *Edad:* adulto, juvenil o infantil.

– *Sexo:* mujer u hombre.

– *Condición social:* clase alta, media o baja.

Cuando la distribuidora ha definido las características del público potencial para la película, el siguiente paso es determinar de qué manera y a través de qué herramientas puede llegar a él eficazmente y al menor coste posible.

Con esta intención destacará los atractivos que este filme tenga para el público objetivo. Una misma película se puede presentar de muchas maneras y el hacerlo de una manera u otra es un tema intrínsecamente ligado al público al que se dirige.

La elaboración del plan de promoción permite también conocer qué presupuesto se destinará a acciones de publicidad y promoción. En el contrato entre productor y distribuidor se especificará cómo se reparten estos gastos.

La industria audiovisual americana gasta millones de dólares en la promoción de sus películas. Sin embargo, en España, se tiende a campañas de lanzamiento poco generosas. Y, aunque en ocasiones, se comete el error de considerar la película terminada tras la postproducción, queda una etapa esencial en su vida y que constituye la razón por la que ha sido creada: llegar a su público.

Tanto la productora como la distribuidora cuentan con distintas herramientas para dar a conocer la película. Y, pese a que hemos dicho que es función de la distribuidora el diseño y la ejecución del plan de promoción, ahora nos referimos a la productora y a la distribuidora porque la película puede (y debe) empezar a darse a conocer antes de ser producida, o sea, en la preproducción.

Dependiendo de la fase en la que esté el filme, existen más o menos elementos para publicitarla.

En la *preproducción* las principales acciones que la productora (en esta fase, posiblemente todavía no haya distribuidora) puede llevar a cabo son:

- *Comunicaciones a la prensa.* Consisten en dirigirse a la prensa seleccionada para hacerles saber que se va a rodar una película, qué cuenta, que en su reparto técnico-artístico figuran nombres tales como...; que está basada en tal novela o escrita por tal autor... lo que interesa es conseguir unas líneas en las que empiecen a hablar de la película.

- *Comunicaciones a revistas especializadas.* En lugar de acudir a los periódicos como en el caso anterior, con estas comunicaciones el objetivo son revistas especializadas en cine —*Fotogramas*, *Imágenes*, *Cinemanía* o *Dirigido por*— Se les puede ofrecer la misma información que a la prensa, así como entrevistas o sesiones fotográficas.

- *Página web.* Bien sea la de la productora, la de la distribuidora o una propia de la película si la hubiera. En ellas se cuelga la información que se decida sobre la película, como sinopsis, descripción de los personajes, cómo ve el director la película, biografía de los actores, técnicos, etc.

- *Internet.* No solo hay que colgar la información en las páginas web anteriores sino en cualquiera otra a la que se pueda acceder y que beneficie a la difusión de la película sin dañar su imagen. Nos referimos a los portales, por ejemplo, de yahoo, mixmail, gmail, etc.

En la fase de *rodaje* se dispone de mucho más material para promocionar el filme:

- *El cartel.* Pese a que la productora puede tener un cartel en la fase de preproducción, lo habitual es que aparezca, como herramienta publicitaria, en el rodaje de la película y que se convierta en imprescindible en el lanzamiento de la misma.

    La importancia del cartel radica en que:

    - Con una imagen tiene la misión de transmitir una idea lo más completa y fiel posible de lo que es la película.
    - En una línea resume en qué se basa el filme.
    - Comunica el título. La relevancia de este conjunto de palabras radica en que es lo que recuerda el público cuando decide qué película ver. Por ello conviene que sea un título fácil de recordar, ingenioso, atractivo, representativo de la película, no muy largo ni confuso.
    - Destaca los ganchos del filme: un actor, un director, basado en una novela famosa, etc.

- *El trailer.* Al igual que el resto de los elementos de promoción, tiene que crear expectación en el público y conseguir despertar interés por ver la película. Consiste en un anuncio de, aproximadamente tres minutos de duración, que se realiza con imágenes de la película y que intenta transmitir de qué va, cuál es el género y el estilo.

Conviene que se pase por los cines varios meses antes del estreno de la película.

Lo hemos incluimos en la fase de rodaje porque puede disponerse en ese momento, aunque lo más habitual es que solo se tenga una vez el rodaje de la película ha finalizado.

- *El spot.* Es un anuncio de unos 20 segundos de duración que suele realizarse con imágenes extraídas del *trailer* y que condensa toda la información esencial sobre la película. Su objetivo principal es su difusión a través de la televisión.

- *El teaser.* Tiene una función similar al *trailer*, pero se diferencia en que es más breve (a veces, apenas unos segundos) y en que no siempre las imágenes que muestra están extraídas de la película ni cuenta con los actores que serán los definitivos. Se utiliza con frecuencia en los mercados para captar la atención de posibles coproductores, distribuidores y compradores.

Lo destacamos como herramienta de promoción en el rodaje, aunque puede hacerse meses antes. A veces incluso antes de la preproducción.

- *El making of o "Cómo se hizo".* Es un documental de alrededor de 20-30 minutos que cuenta cómo se hizo la película e incluye escenas del rodaje, entrevistas a actores, director, personal técnico, etc. Suele incorporarse en los extras de los DVD y conviene que se difunda por televisión poco antes del estreno de la película para, de nuevo, crear expectación.

- *Las fotografías y diapositivas.* Habitualmente las toma un foto fija que acude al rodaje determinados días y, sin interferir la marcha del mismo, hace las fotografías que luego se difunden en los diferentes medios y revistas.

- *La guía y afiches.* Ambos materiales se realizan para su utilización principalmente por parte del exhibidor. La guía es un folio donde se incluyen datos de la película, tales como el cartel, sinopsis, duración y ficha técnico-artística. Por su parte, los afiches son fotogramas de la película en los que se pone el título de la película y se exponen en la entrada de las salas de cine.

- *El dossier de prensa.* Como hemos dicho, las relaciones con la prensa se inician en la preproducción y continúan en la fase de rodaje. En este momento, se elabora un dossier que incluye toda la información que quiere transmitirse a la prensa y se puede acompañar de:

- EPK (Electronic Press Kit) que contiene el *trailer* (si se tuviera), *teaser*, *spot*, entrevistas con actores y director, clips de la película.
- APK (Audio Press Kit) que es lo mismo que lo anterior pero en audio.

Y llegamos, por fin, a la etapa del *lanzamiento* de la película. La distribuidora sabe lo importante que es ejecutar la estrategia adecuada para cada película, que una estrategia válida para una película no siempre lo es para otra. Y, en gran parte, de la elección de la estrategia adecuada va a depender el éxito en taquilla.

Para calcular lo que se invertirá en publicidad (en especial sucede con las películas americanas que se distribuyen en España) se hace una estimación de cuánto recaudará la película en el país de que se trate y, aproximadamente, el 30% de esa cifra es la que se gasta en promocionar la película. Existe, pues, una proporción entre la previsión de recaudación y la inversión en publicidad.

En la fase de lanzamiento toda la maquinaria de la promoción tiene que trabajar a pleno rendimiento: se difunden los carteles, se conceden entrevistas, se acude a programas de radio y televisión, los *trailers* llegan a las pantallas, los spots se pueden ver en la televisión, la prensa anuncia el estreno de la película... Hay que intentar salir en todos los medios en que sea posible, cuantos más mejor, ya que el impacto es muy superior si la misma gente que ve el *trailer* en el cine, ve el spot en la televisión y el cartel en el autobús.

Se diseña un *Plan de Medios* que contiene una planificación de los medios de comunicación a los que hay que dirigirse, las acciones a llevar a cabo y los materiales que se necesitan. Asimismo, contiene las fechas en las que queremos que aparezca la publicidad.

De nuevo aparecen en esta fase las herramientas anteriores a las que se añaden las siguientes:

- *Anuncios en medios impresos:* suelen utilizarse adaptaciones del cartel o del afiche al que se añaden otros datos relevantes como fecha de estreno o premios que ha conseguido el filme. Estos anuncios aparecen en la prensa diaria así como en revistas y suplementos.
- *Cuñas de radio.* Anuncios de alrededor de quince segundos para emitirlos en radio.
- *Publicidad exterior.* Nos referimos al cartel en el metro, autobús, mobiliario urbano, etc.

También es habitual organizar ruedas de prensa, una o varias proyecciones antes del estreno para la crítica y la prensa especializada en cine, así como conceder entrevistas con el director y los actores con la finalidad de que incluyan sus reportajes en los medios en que colaboren.

El preestreno también se utiliza para aparecer en los medios de comunicación. Se tratará de conseguir que acuda la mayor cantidad de rostros populares para asegurarnos salir en algunos programas.

Cuanto mayor es el presupuesto de la película, más suele invertirse en publicitarla y promocionarla. Si se trata de una película cara, se hace un elevado tiraje de copias. Si, en cambio es pequeña, es probable que lo mejor sea pasearla por festivales y estrenarla con pocas copias, cuyo número puede aumentar dependiendo de la aceptación del público.

Hay un tema muy importante relacionado con la distribución cinematográfica en España que se refiere a la denominada *cuota de pantalla*. Es tratada con detalle en el Apéndice 1 de este libro dedicado a la Ley de Cine.

4.2. MERCADOS Y FESTIVALES

Pese a que agrupamos en este mismo apartado los mercados y los festivales, debemos establecer entre ellos una clara diferenciación basada en su objetivo. El festival cumple la función de exhibir películas en las diferentes secciones de que se componga. En cambio, el mercado pretende ser un punto de encuentro entre productores de distintos países para la puesta en común de sus diferentes puntos de vista, métodos de trabajo, intercambio de proyectos, búsqueda de financiación o distribución, entre otras posibilidades.

Lo que sucede a menudo es que, paralelamente a la celebración del festival, se convoca un mercado. Aunque, por supuesto, existen festivales sin mercado y no es necesario que se celebre un festival para que se convoque un mercado.

Existen multitud de festivales, tanto a nivel nacional como internacional. En algunos de ellos se puede participar con películas de cualquier género, otros son más específicos, por ejemplo, aquellos que solo admiten comedia o cine experimental, cortometrajes o cualquier otro que limite la participación en base a cualquier criterio.

Cada festival tiene sus propias bases específicas que hay que cumplir para acceder a él y optar a que una película sea exhibida en el mismo.

El Ministerio de Cultura ofrece un listado muy completo en materia de festivales. A través de su página web www.mcu.es se accede al apartado de Cine y Audiovisual. Dentro de él, debe cliquearse en "Festivales y otras manifestaciones". La división básica se estructura en "Festivales en España" y en "Festivales internacionales". Para los celebrados en territorio español, hace una clasificación por fecha, por Comunidad Autónoma y por modalidad. En cuanto a los internacionales, se dividen en "Festivales de Categoría A" y "Otros festivales internacionales". Para la mayoría de los festivales, tanto nacionales como internacionales, se proporciona un link que redirecciona a la página web del festival en cuestión.

El productor y el distribuidor, conjuntamente, tienen que decidir la idoneidad de acudir a un festival o a otro dependiendo de la película y la estrategia de distribución. Un festival puede ayudar a lanzar una película pero también puede hacerle mucho daño si las críticas son negativas. Hay que ser consciente de que una gran mayoría de las personas que asisten a los festivales son críticos de cine y tienen su influencia en un sector del público. Si nuestra película va dirigida a un sector del público que no hace caso de las críticas no debe importarnos demasiado pero, si por el contrario, nuestro público objetivo se deja guiar por los críticos, hay que ir con cuidado porque las malas críticas pueden hacer perder mucho.

En cuanto a los mercados, al igual que sucedía con los festivales, existen multitud de ellos siendo algunos más relevantes en cuanto al número de participantes (como, por ejemplo, los de Cannes, Berlín o el American Film Market).

Los principales beneficios de asistir a un mercado son:

- *Beneficiarse del intercambio cultural y de conocimientos.* Tener un punto de encuentro donde coinciden profesionales de distintos países o comunidades, con diferentes visiones sobre el proceso de producción de una película, maneras de financiarla, distribuirla, etc.; enriquece mucho y proporciona un abanico de conocimientos que puede aplicar el profesional en sus futuras producciones.

- *Posibilidad de contactar con personas a las que resulta difícil acceder por otros cauces.* Es muy difícil llegar a tener una cita con algunas personas que ostentan un determinado nivel de responsabilidad en una empresa, sea de producción, distribución, emisión o cualquier otra. La participación en un mercado puede proporcionar la ocasión de acercarse a esa persona a la que de otra manera no se accedería.

- *Ofrece una visión de conjunto del sector:* se tiene la posibilidad de conocer qué proyectos se mueven, qué volumen de presupuesto manejan, qué intérpretes o directores son los más cotizados, qué productoras tienen más presencia, así como otra serie de datos que, sin duda, ayudan a conocer mejor el mercado en el que los profesionales del audiovisual trabajan.

- *Facilita el contacto entre los participantes,* bien sea éste casual o con cita previa. Normalmente, antes de acudir a un mercado, quien vaya a asistir confecciona una agenda de reuniones, directamente o a través de un tercero. De esta manera queda relativamente asegurado que se va a poder hablar con la persona que interesa, claro que siempre cabe la posibilidad de que se produzca una anulación o cualquier otro imprevisto que impida la reunión. Sin embargo, a priori, el asistente puede saber con quién se va a ver y de qué proyectos van a tratar, sean propios o del otro.

Por todo lo anterior, cabe concluir que un productor, en un mercado, puede conseguir financiación, coproductores interesados en implicarse en su proyecto y distribución para su película. Por su parte, un distribuidor puede volver a su país con acuerdos de distribución para varias películas. Los emisores consiguen también proyectos, formatos, información de qué programan otros canales, etc.

Pero centrémonos en el productor: desde su punto de vista, el principal motivo para acudir a un mercado es vender. Si la película todavía no está hecha y lo que hay es solo un proyecto, se habla de preventa. Si la película está concluida, se habla de venta en sentido estricto.

A la hora de vender es conveniente tener claras varias cosas:

1. **Qué película se está vendiendo.** Si la película está acabada, ya sabemos qué producto tenemos entre manos. Pero si de lo que disponemos es solo un proyecto, el saber qué se va a hacer con él no es tan sencillo como puede parecer a priori. El productor debe estar siempre preparado para contestar a cualquier pregunta que se le haga sobre el proyecto, cómo se hará, qué look tendrá, en qué referentes se apoya..., la mejor arma de venta es el conocimiento profundo del proyecto.

2. **A quién se quiere vender.** Un productor puede pasar horas y horas hablando con un posible comprador de lo maravillosa que es o será su película, pero si lo único que está interesado en adquirir ese comprador son comedias y lo que se le está ofreciendo es un drama, habrá perdido el tiempo y, tal vez, también la oportunidad de ofrecerle el proyecto a otra persona a la que podría interesarle el drama. Cuando se está frente al interlocutor hay que saber quién es, qué ha comprado en otras ocasiones, qué le interesa y cuáles son sus necesidades.

3. **Hacer atractivo el proyecto.** No hay que olvidar que el objetivo de un productor es idéntico al de muchísimos otros productores que acuden al mismo mercado, de modo que cada productor debe intentar diferenciarse del resto y conseguir atraer la atención de los compradores. Es el momento ideal para proyectar el *teaser* o *trailer* de la película (una imagen vale más que mil palabras), colgar el cartel, fotografías, entregar *flyers* que contengan una imagen, sinopsis y ficha técnico-artística de la película, etc. Hay que crear expectación e interés, que quieran saber más, se acerquen, pregunten y, entonces, compren.

4. **Conseguir generar confianza** en la otra parte y ser capaz de transmitirle que participar en la película supone una gran oportunidad para él. Tan importante es tener un buen proyecto como que crean que se es capaz de llevarlo a cabo. Podemos utilizar la metáfora de que una película es como un *puzzle*, se compone de muchísimas piezas y todas tienen que encajar para que el resultado sea el esperado. El comprador es una pieza de suma importancia, pero existen muchas otras. Así que el comprador tiene que tener la convicción de que si él pone su pieza, el productor será capaz de conseguir el resto y juntarlas para obtener el resultado que buscan. Si no se le transmite confianza, podemos estar seguros de que no se arriesgará.

A la finalización del mercado, un productor puede estar frente a tres escenarios diferentes:

- **Cerrar un acuerdo.** Lo habitual es que no se firme el contrato en el mercado, ya que hay una burocracia legal que cumplir y no se suelen llevar adosados a los departamentos jurídicos. Por ello, lo más frecuente es que las partes se pongan de acuerdo verbalmente o, a lo sumo, se firme un *deal memo* que recoge los aspectos fundamentales acordados, pero no todo el cuerpo del contrato. En esencia, ese *deal memo* recoge solo puntos clave del futuro contrato, como son la descripción de la obra, el precio, las obligaciones básicas de cada una de las partes o la entrega de materiales, entre otras posibles. Al productor le conviene que se deje constancia en ese documento de que las partes deciden que tenga carácter vinculante. De este modo intenta evitar que la otra parte se desdiga.

  Éste sería un escenario muy positivo.

- **No cerrar un acuerdo pero conseguir interés.** El productor ha hecho contactos que están interesados en que les mande más información del proyecto y a los que hay que mantener al corriente de los avances. En este caso, el productor deberá seguir hablando con ellos para que no pierdan el interés sino todo lo contrario, que cada vez estén más interesados. Si todo va bien, tal vez, alguno de esos contactos iniciados en el mercado acabe con la firma de un contrato.

  Se trataría, pues, de un escenario positivo.

- **No cerrar ningún acuerdo ni despertar interés.** No cabe duda de que nos encontramos ante un escenario negativo. Pero de él puede extraerse algo positivo: la reflexión. El productor debería, con la cabeza fría, hacer una evaluación de su paso por el mercado y analizar por qué no ha conseguido despertar el interés de terceros, qué ha fallado, qué ha visto que funcionaba para otros productores y, en todo caso, tomar las medidas que considere oportunas para que la próxima vez que acuda a un mercado tenga éxito.

4.3. AGENTES DE VENTAS

Un agente de ventas tiene como misión promover ventas de la película por cuenta de la productora. La ventaja de contar con uno de estos profesionales es el profundo conocimiento que tienen del sector y que posibilita ventas que, de otra manera, no se conseguirían.

La relación entre un agente (que actúe en el ámbito nacional o internacional) y una productora puede estar basada en cualquiera de estos modelos:

1. El productor cede al agente, en los términos y por el plazo que se acuerde, determinados derechos de explotación para que éste pueda negociar y firmar en nombre de aquél los contratos con terceros.

2. El productor no cede al agente los derechos sino que solo contrata sus servicios profesionales en calidad de agente. De este modo, el contrato con el tercero debe ser firmado directamente con la productora (que ostenta los derechos), no siendo parte del mismo el agente que ha promovido la venta.

Cualquiera de estas dos posibilidades es válida, solo depende de la voluntad de los implicados la elección de una u otra.

El agente, pues, en el ejercicio de su actividad, debe emplear todos los esfuerzos para conseguir vender la película en el mayor número posible de territorios y en las mejores condiciones. En este sentido, hay que especificar muy claramente qué derechos son los que está autorizado a "vender" y cuáles no. De nuevo, la voluntad de las partes es la que decide. Puede encomendársele la consecución de contratos de explotación de los derechos de exhibición cinematográfica, derechos de comunicación pública, de distribución en vídeo y DVD, etc. En cualquiera de los casos, hay que determinar cuáles son sus limitaciones temporales y territoriales.

Cuando nos referimos a la imposición de limitaciones temporales, lo entendemos en dos sentidos:

– **Vigencia del contrato:** durante cuánto tiempo el agente llevará a cabo su actividad para la productora. La vigencia será la que se decida de común acuerdo, puede ser de un año prorrogable a más años, o superior. Según convenga, se optará por un plazo u otro.

– **Restricciones temporales** a la hora de negociar los contratos en que medie su intervención: puede recibir indicaciones de la productora, que solo le permitan ceder al tercero los derechos durante un tiempo determinado, de modo que el agente no podrá ceder esos derechos por encima del techo que le ha impuesto la productora.

En cuanto a las limitaciones territoriales, se debe especificar en qué territorios actuará el agente.

Muy probablemente, en el contrato firmado con el agente se le exija a la productora una cláusula de exclusividad con el único fin de que el agente se asegure de que no tendrá competencia y podrá dirigirse a sus objetivos de venta sin correr el riesgo de aparición de otro agente también legitimado por la productora para realizar esa operación.

Por sus servicios el agente cobrará una comisión que se deducirá del precio de la venta. El importe restante será para la productora. Esta comisión es variable en función de diversas circunstancias, pero oscila alrededor del 20 y 30%.

Sobre los gastos que soporta el agente (entendemos por gastos los ocasionados por la realización de copias de la película o el *trailer*, envío de materiales, asistencia a festivales y mercados, así como cualquier otro que esté justificado y sea considerado necesario para el correcto ejercicio de sus funciones) puede considerarse que, o bien quedan compensados con la percepción de la comisión, o bien puede acordarse que no están incluidos en la comisión. En este último caso, existen dos posibilidades:

1. Hacer una previsión de gastos y abonarlos al agente con anterioridad al ejercicio de sus actividades.
2. Deducirlos del precio de la venta, de modo que el agente no solo tendrá, en este caso, derecho a cobrar la comisión sino también a percibir los gastos en que haya incurrido por las gestiones conducentes a la conclusión de esa venta.

Respecto al tema de los gastos y de la evaluación de los progresos del agente, éste y la productora pueden decidir, o bien reunirse cada cierto tiempo para hacer un seguimiento de actividades realizadas y resultados, o bien obligar al agente a enviar a la productora un memorando acerca de sus gestiones, especificando cuál debe ser el contenido del mismo.

Otro de los aspectos que deben quedar muy bien detallados en la relación entre el agente y la productora es para el caso de que, por parte de un tercero, haya una oferta para la adquisición de los derechos que el agente puede vender. Hay que explicar cómo se actuará en estos casos: de cuánto tiempo dispone el productor para aceptar o rechazar la oferta; qué ocurre si la rechaza (ya que, inevitablemente, causa un perjuicio al agente que puede ver desaparecer la comisión a la que tendría derecho); quién firmará el contrato; quién percibirá el importe y cómo y cuándo la parte que lo reciba le hará llegar a la otra lo que le corresponda.

4.4. EXPLOTACIÓN VIDEOGRÁFICA

La segunda ventana de explotación de una película, tras su paso por las salas de cine, es la videográfica: la película llega a los videoclubes para su alquiler o se vende directamente al público.

Si hace años solo se hablaba del vídeo VHS y luego la hegemonía absoluta pasó al DVD, ahora es el *Blu Ray* el que parece que acabará imponiéndose. Las razones por las que los consumidores han aceptado y aceptan de buen grado estos cambios son:

- La *calidad*. En su momento el DVD proporcionaba una calidad muy superior a la del VHS. Además, por primera vez se ofrecía una calidad que no disminuía con el número de visionados, sino que se mantenía constante. Ahora el *Blu Ray* ofrece una compresión de datos muy superior a la del DVD permitiendo grabar las películas en alta definición y ofreciendo, por ende, más calidad de imagen.

- Posibilidad de añadir gran variedad de *extras*. Por solo enumerar unos cuantos, es posible ver el *making of,* filmografías, galería de fotos, entrevistas con actores o técnicos y seleccionar el idioma en que deseas ver la película. En octubre de 2003, la empresa *QualiQuanti* realizó un estudio para el CNC francés sobre el contenido de los DVD en el que concluía que para los consumidores, el término "extra" evoca la idea de regalo y gratuidad. Y puede ser percibido como un argumento de venta, además de otorgar mayor valor al DVD y al *Blu Ray* y dar una visión más consumista y cultural de los mismos.

- El *precio*. La diferencia de precio entre el VHS y el DVD llegó a ser tan poca que no había dudas en la elección teniendo en cuenta las mayores ventajas que ofrecía el DVD. Lo mismo prevemos que puede suceder entre el DVD y el *Blu Ray*. Pese a que este último sea ahora más costoso, puede conseguir que el consumidor perciba que las ventajas que le ofrece le compensan y de esta manera lo adquiera, abandonando poco a poco el formato DVD.

  También el precio de los propios reproductores disminuye en poco tiempo. Actualmente, adquirir un reproductor de DVD es totalmente asequible y nada tienen que ver sus precios con los de los primeros reproductores. Imaginamos que sucederá lo mismo con el *Blu Ray*.

Otras de las razones por las que el DVD alcanzó tan alto nivel de penetración fueron, de un lado, en que año tras año aumentó el número de títulos disponibles en este formato. Y, de otro lado, que se consolidó una tendencia referente al lugar de venta de películas desplazándose poco a poco la venta en los videoclubes y pasando a los hipermercados y grandes superficies especializadas (Corte Inglés o FNAC, entre otros).

Con este panorama en el que el usuario puede obtener mayor calidad y más valores añadidos con una diferencia poco notable de precio, es clara la tendencia que marca en el mercado.

La explotación de una película en esta ventana puede aportar sustanciosas cantidades, ya que el mercado videográfico se encuentra en un buen momento y sigue evolucionando al alza: tanto el mercado de compra como de alquiler aumentan progresivamente.

4.5. EXPLOTACIÓN EN TELEVISIÓN

Una vez la película ha sido explotada en las salas de cine, se ha alquilado y vendido en videoclubes y otras superficies, llega a las pantallas de televisión.

Para que una cadena de televisión pueda emitir un filme tiene que haber adquirido previamente determinados derechos que le suelen ser cedidos por la productora, principalmente el derecho de comunicación pública. Estos derechos los pueden adquirir antes o después de haberse producido la película (hablaremos entonces de preventa si es anterior a la producción del filme o de venta si es posterior).

En el contrato con la cadena de televisión deben quedar claramente acordadas varias cuestiones, en especial las referidas a la modalidad de explotación, ámbito territorial, periodo de licencia y pases cedidos.

Existen diferentes modalidades de explotación en función de diversos criterios. La elección de las modalidades que se ceden depende de cómo emita la televisión y, por supuesto, de lo que se acuerde con la productora. Las principales modalidades son:

A) Según el medio técnico a través del cual se transmite la señal de televisión podemos hablar de televisión hertziana terrestre, televisión por cable y televisión por satélite.

B) Según la señal utilizada para la emisión: televisión analógica o digital.

C) En función de si hay que pagar o no para ver la televisión: televisión de pago (*pay tv*) o televisión gratuita (*free tv*).

Además de estas divisiones, hay que referirse a otras:

1. VOD (Televisión bajo demanda). Necesita de un canal de banda ancha dedicado mientras dura la descarga. Permite al cliente unas pequeñas funciones de vídeo para la repetición o salto limitados de determinadas secuencias, pero básicamente se centra en la oferta de un único visionado del audiovisual.

2. NVOD (Televisión casi bajo demanda). Ofrece pases de las diferentes películas escalonadamente de forma que quien desea ver la película no tiene que esperar más de 15 o 30 minutos para visionarla.

3. VVOD (Televisión bajo demanda diferida). Requiere que la demanda del producto se haga por anticipado y que luego se espere a la descarga antes de verlo.

4. IVOD (Televisión interactiva bajo demanda). Tiene las mismas prestaciones que el VOD, a la que se añaden prestaciones interactivas. Requiere disponer de una línea de retorno suficientemente rápida para producir los efectos deseados en tiempo real.

Otra de las cuestiones fundamentales a especificar es en qué ámbito territorial puede la cadena de televisión realizar las emisiones. De este modo, atendiendo a su ámbito de cobertura, distinguimos entre televisiones generalistas que emiten para toda España (Televisión Española, Cuatro, Telecinco o Antena 3) y televisiones autonómicas cuyo ámbito de cobertura se circunscribe a una Comunidad Autónoma (por ejemplo, Televisión de Catalunya, Televisión de Aragón o Telemadrid, entre otras). De modo que, por norma general, si una televisión generalista compra la película será para emitirla en toda España. Si, en cambio, la adquiere una televisión autonómica, el territorio en el que emitirá el filme se verá limitado a su Comunidad.

El periodo de licencia de emisión acordado tiene como misión concretar dos aspectos: 1) a partir de cuándo la televisión puede empezar a emitir la película, y 2) durante cuánto tiempo puede emitirla.

Normalmente, la televisión de pago iniciará su periodo de licencia transcurridos doce meses desde el estreno de la película en salas cinematográficas, mientras que la televisión en abierto (a la que hemos llamado *free tv*) estará facultada para emitir una vez la televisión de pago haya agotado el tiempo de su licencia. Es frecuente que el tiempo durante el cual la televisión de pago pueda emitir la película ronde entre los doce y los dieciocho meses. Esto significa, que una televisión en abierto tendrá que esperar a que transcurran de 24 a 30 meses desde que la película se estrenó en salas para poder emitirla.

Junto con el periodo de licencia, otro de los puntos que hay que acordar es el número de pases que se autorizan a pasar por televisión. Queda a la voluntad de las partes y a la práctica de la televisión de que se trate, acordar un número determinado de pases. Es posible que, durante el periodo de licencia acordado, se autoricen pases ilimitados.

En función de la televisión con la que se contrate, del tipo de producto que se esté vendiendo, de su valor para la televisión, del periodo de licencia cedido, del número de pases y presupuesto de la película, se establecerá un precio u otro. Sobre las formas de pago, es imposible determinar una fórmula única, hay televisiones que pagan una parte al inicio de la preproducción o rodaje, otras en cambio solo pagan a la entrega o aceptación de los materiales de la película. La flexibilidad de la televisión y la pericia del productor orientarán la balanza hacia unas condiciones más o menos beneficiosas para el productor.

4.6. TELEVISIÓN MÓVIL E INTERNET

Para finalizar este apartado dedicado a la distribución, queremos dar unas breves pinceladas a dos medios de distribución de contenidos que están en constante expansión: la televisión móvil e Internet.

La televisión móvil ha conseguido penetrar en el mercado por el auge de la telefonía móvil y por el desarrollo de dispositivos que permiten emitir contenidos de larga duración y con buena calidad de imagen: PDA's, iPod's o videoconsolas son algunos ejemplos.

El modelo de negocio que puede representar para el productor este tipo de televisión todavía está en vías de definición, ya que no están estandarizadas las fuentes de financiación de los contenidos creados exclusivamente para la televisión móvil. Actualmente este tipo de televisión se nutre de los contenidos creados para otros medios de explotación y se adaptan a sus características pero, en su gran mayoría, no son creados *ex profeso*.

Internet se ha convertido en una excelente plataforma de difusión de contenidos audiovisuales, al tiempo que ha facilitado el acceso para muchos generadores de contenido a su público potencial.

Resaltamos de Internet varios hechos que repercuten en la producción audiovisual:

1. Constituye una *nueva ventana de explotación*.

   El productor, además de poder explotar el audiovisual en las ventanas tradicionales a las que nos hemos referido, cuenta con una nueva: Internet. Esto posibilita que incremente los ingresos generados por su producto. Puede conseguirlo de varias maneras:

   - Emitiendo el audiovisual en la red a cambio de un precio: bien a través de la web de la productora, bien a través de páginas web especializadas. En el caso de España destacamos el portal Filmotech, gestionado por EGEDA, que pone a disposición de los productores audiovisuales españoles el digitalizar su película e incluirla en su web con el objetivo de gestionar una descarga lícita.

   - Vendiendo el audiovisual y enviándolo al comprador físicamente. A modo de catálogo, en la web se indica qué películas están disponibles para la compra, en qué formato, idioma, tiempo de entrega, precio y gastos de transporte.

El hecho de constituir una nueva ventana de explotación para el audiovisual conlleva que las cadenas de televisión, cuando compran el audiovisual al productor, le piden también la cesión del derecho de disposición al público para poder colgar en la web de la cadena durante el tiempo que se acuerde, el audiovisual que han comprado. La cadena no cobrará por el visionado a los internautas sino que lo incorpora como un servicio adicional que ofrece a sus espectadores.

2. También constituye una amenaza por el riesgo de *piratería*.

   La piratería causa en todo el mundo enormes pérdidas económicas al sector audiovisual. La mentalidad que asocia Internet con gratuidad lleva aparejadas prácticas ilícitas en contra de los derechos de los productores y los autores de una obra audiovisual. La piratería empezó en el sector discográfico y, como una plaga, se extendió pronto al audiovisual.

   Solo con concienciación social y normas punitivas podrá disminuirse.

3. Abre *nuevas oportunidades de negocio*. Si bien Internet constituye un nuevo medio de explotación, también es un negocio en sí mismo. Existen productoras que crean contenido única y exclusivamente para Internet. Además, no es único el caso de un producto que ha funcionado muy bien en Internet y ha pasado después a la televisión, invirtiéndose así el orden tradicional de las diferentes ventanas de explotación.

Apéndice 1:
La nueva ley de cine

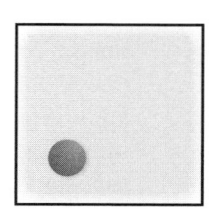

La Ley 55/2007 de 28 de diciembre del Cine es la Ley de referencia en la regulación jurídica del audiovisual en España.

Consensuada con todos los sectores implicados, establece el marco legal que ha sido posteriormente desarrollado en el Real Decreto 2062/2008 de 12 de diciembre.

Por la importancia e incidencia de esta Ley, hemos decidido dedicarle un apartado independiente con el objetivo de resaltar ciertos aspectos fundamentales y característicos del audiovisual español.

En el Preámbulo de la Ley se establecen los cuatro principios fundamentales en que se basa ésta y que van a servirnos de guía en nuestro recorrido.

Estos principios son:

1. **Definición y apoyo a los sectores independientes de la cinematografía española en los ámbitos de la producción, distribución y exhibición.**

    Con la finalidad de evitar incorrectas o dobles interpretaciones, en el Artículo 4 se definen una serie de conceptos. De esta manera, cuando en la Ley se alude a uno u otro no queda duda de qué se entiende por tal.

    Por los temas que hemos tratado en este libro, es necesario dar las definiciones de:

    – **Película cinematográfica:** obra audiovisual fijada en cualquier medio o soporte en cuya elaboración quede definida la labor de creación, producción, montaje y postproducción y que esté destinada principalmente a su explotación en salas de cine.

    – **Largometraje:** película cinematográfica que tenga una duración de 60 minutos o más. También aquélla que, teniendo una duración superior a

45 minutos, se produzca en soporte de formato 70 mm, con un mínimo de 8 perforaciones por imagen.

- **Cortometraje:** película cinematográfica de una duración inferior a 60 minutos, excepto las del formato de 70 mm del párrafo anterior.

- **Película para televisión:** obra audiovisual unitaria de ficción de duración superior a 60 minutos, con desenlace final y cuya explotación comercial sea su emisión por televisión.

  Al definirla como una obra unitaria y con desenlace final, pretende diferenciarla de las series de televisión.

- **Operador de televisión:** persona física o jurídica que asume la responsabilidad editorial de la programación televisiva.

- **Productor independiente:** persona física o jurídica que no sea objeto de influencia dominante por parte de un prestador de servicio de comunicación/difusión audiovisual ni de un titular de canal televisivo privado ni, por su parte, ejerza influencia dominante.

La Ley también especifica cuándo entiende que existe influencia dominante.

La Ley recoge una serie de medidas e incentivos que fomentan los sectores de la producción, distribución y exhibición, de modo que, a través de los diversos artículos, se relacionan las diferentes ayudas que pueden recibir productores, distribuidores y exhibidores (las ayudas a la producción las hemos explicado en detalle en el apartado II de este libro dedicado a la financiación).

La Disposición Adicional Quinta establece que el Ministerio de Cultura deberá presentar en el último semestre de 2011 un estudio referente a la eficacia de las diferentes ayudas e incentivos para, en su caso, adecuarlas a las necesidades de la economía española.

Es interesante señalar que, a través de una serie de incentivos fiscales, se pretende atraer capital al sector audiovisual, un sector considerado de alto riesgo y de difícil financiación por parte del capital privado.

2. Creación de los mecanismos que eviten los desequilibrios que existen en el mercado audiovisual.

Es muy habitual oír decir que el audiovisual español no compite en igualdad de condiciones con otros audiovisuales, en especial con el americano. Es cierto que el cine americano llena nuestras pantallas, llega tras campañas de marketing millonarias y las *majors* pueden imponer condiciones restrictivas al acceso del cine español a las salas por cuanto que quieren vender paquetes de sus películas.

La cuota de pantalla, regulada en el Artículo 18, pretende garantizar el acceso a la diversidad de la producción cultural y asegurar la presencia del cine comunitario en nuestras pantallas.

La concreción de este articulado fue uno de los más conflictivos de la Ley en cuanto que hay intereses confrontados. De un lado los productores están a favor de su establecimiento, mientras que los exhibidores hubieran preferido su eliminación. Finalmente se acordó que existiese esta cuota de pantalla con unos límites temporales:

- A los cinco años de la entrada en vigor de la Ley, se evaluará su impacto cultural, económico e industrial.
- Puede ser revisada en caso de que razones técnicas o de oportunidad así lo aconsejen.

De este modo, las salas de exhibición cinematográfica están obligadas a programar, dentro de cada año natural, películas de Estados miembros de la Unión Europea de manera que, al menos el 25% de las sesiones programadas lo hayan sido con cine comunitario.

En el cómputo total se aplica una excepción: las sesiones de películas de terceros países exhibidas en versión original subtitulada.

De otro lado, hay sesiones que computan el doble. Son aquéllas en las que se proyecten:

    a) Películas comunitarias de ficción en versión original subtitulada a alguna de las lenguas oficiales de España.

    b) Películas comunitarias de animación.

    c) Documentales comunitarios.

    d) Grupos de cortometrajes comunitarios con una duración superior a 60 minutos.

    e) Películas comunitarias que incluyan sistemas de accesibilidad para personas con discapacidad física o sensorial.

    f) Películas comunitarias proyectadas en salas o complejos cinematográficos que tengan una recaudación bruta anual inferior a 120.000 €.

    g) Películas comunitarias que permanezcan en una misma sala más de 18 días consecutivos o un periodo consecutivo en el que haya tres fines de semana.

El no cumplir con la cuota de pantalla es considerado por la Ley como una infracción que puede resultar leve, grave o muy grave en función de en qué tanto por ciento no se ha respetado (Artículo 39).

En esta misma línea de velar por el audiovisual nacional, el Artículo 10 de la Ley establece que tanto el ICAA como los órganos competentes de las Comunidades Autónomas pondrán en conocimiento de la Comisión Nacional de la Competencia aquellos actos, acuerdos o prácticas que crean contrarias a la legislación de defensa de la competencia. También se comprometen a remitir un dictamen no vinculante sobre estos hechos.

De nuevo, en el artículo 14 se alude a la Ley de Defensa de la Competencia (Ley 15/2007, de 3 de julio) al referirse a prácticas comerciales de ciertas distribuidoras que exigen la contratación de películas por lotes, de manera que para conseguir la exhibición de una película obligan a comprar un lote.

Las ayudas a las salas de exhibición se perfilan como una opción para garantizar la diversidad de la producción cultural. En este sentido, el Artículo 29.1 contempla la posibilidad de establecer medidas de apoyo a aquellas salas de exhibición independientes en cuya programación anual incluyan en más de un 40% largometrajes comunitarios e iberoamericanos.

3. **Adaptación de las nuevas tecnologías y formatos.**

El Artículo 29.2 recoge la posibilidad de establecer ayudas a las salas de exhibición para su modernización tecnológica, en especial para incorporar sistemas de proyección digital.

Asimismo, los artículos 34 y 35 están dedicados a las nuevas tecnologías y a la investigación, desarrollo e innovación respectivamente. Se contempla el establecimiento de incentivos para la realización de obras audiovisuales que utilicen nuevas tecnologías e innovaciones y se destinen a su difusión en medios distintos a las salas de cine, televisión o vídeo doméstico.

También se contempla la posibilidad de conceder ayudas a las empresas para realizar actividades de I+D+i en el ámbito de la producción, la distribución, la exhibición y las industrias técnicas.

Y, finalmente, con el objetivo de abarcar cualquier tipo de innovación, se concreta que el ICAA podrá adoptar aquellas medidas adicionales de fomento que considere oportunas a fin de garantizar la actualización tecnológica en el sector audiovisual.

4. **Apoyo a la creación y a los autores.**

Para apoyar la creación y a sus autores lo primero que hace la Ley es proteger sus derechos y prohibir la piratería. En este sentido, el Artículo 15 es muy claro al determinar, de un lado, que se prohibe la grabación de películas en salas de cine u otros locales y, de otro lado, al imponer a los responsables de las salas de exhibición o demás locales, la obligación de advertir de esta prohibición, velar por su cumplimiento y comunicar cualquier intento de grabación.

También quiere fomentarse la creación mediante la concesión de ayudas a personas físicas que elaboren guiones de largometrajes (artículo 22) y mediante medidas que apoyen proyectos susceptibles de enriquecer el panorama audiovisual español desde una perspectiva cultural (artículo 23).

Apéndice 2:
Modelo presupuesto ICAA

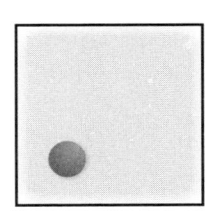

Presentamos, a continuación, el modelo de presupuesto que exige el Instituto de la Cinematografía y de las Artes Audiovisuales del Ministerio de Educación y Cultura español a las entidades productoras que solicitan algún tipo de subvención.

Este permite su aplicación a un gran elenco de producciones, aunque está concebido y diseñado principalmente para los filmes de corto o largometraje. Para su aplicación al vídeo o a la televisión basta con cambiar algunos conceptos que son eminentemente cinematográficos, por los propios del vídeo y la televisión.

Téngase además en cuenta que no siempre hay que rellenar todos los conceptos. Un modelo tan completo sirve para prácticamente cualquier tipo de producción, solo hay que dejar en blanco las casillas que no atañen a la nuestra.

Este modelo presupuestario agrupa los *conceptos* (gastos unitarios concretos) en partidas (agrupación en categorías comunes) y estas en *capítulos* (apartados contables).

Podemos encontrar otras denominaciones como *grupos*, *subgrupos*, y *conceptos*, etc. En todos los casos se va siempre de lo mayor (capítulo, grupo) a lo menor (partidas, subgrupos y finalmente a gastos concretos e individualizados: conceptos).

Una lectura atenta y detallada del modelo presupuestario del ICAA ofrece la oportunidad de valorar la complejidad de las actividades y recursos personales y materiales que intervienen en una producción audiovisual.

MINISTERIO DE EDUCACIÓN Y CULTURA
INSTITUTO DE LA CINEMATOGRAFÍA Y DE LAS ARTES AUDIOVISUALES

PRESUPUESTO/COSTE DE LA PELÍCULA LARGO/CORTOMETRAJE

TÍTULO
FORMATO
COLOR/BLANCO Y NEGRO
EMPRESA PRODUCTORA
DIRECTOR
PAÍSES COPRODUCTORES

PRESUPUESTO/COSTE DE PRODUCCIÓN

INSTRUCCIONES PARA CUMPLIMENTAR ESTE DOCUMENTO

Pág. 1 "RESUMEN"; en caso de coproducciones internacionales su utilizará la primera columna para reflejar los importes correspondientes a la(s) productora(s) española(s). En las demás columnas se reflejarán los importes de las aportaciones de los países extranjeros coproductores.

Esta página deberá ir fechada, sellada y firmada por la(s) productora(s).

CAP. 02 y 03: Aunque las retenciones por IRPF y Seguridad Social se reflejan en las casillas indicadas, estos importes se incluirán también en el declarado como "REMUNERACIONES BRUTAS".

Las "DIETAS" se reflejarán solo en dicha casilla.

La columna "participación extranjera" recogerá, en el caso de coproducciones internacionales, los importes que corresponden a los países coproductores.

CAP.04 AL 12: En la primera columna se reflejarán los importes correspondientes a la(s) productora(s) española(s). Las demás columnas se utilizarán en caso de coproducción internacional; se reflejarán los importes de conceptos y partidas aportados por los coproductores extranjeros (una columna por cada país).

CAP. 10: En los subcapítulos de Seguridad Social (Régimen General y Especial) solo se reflejarán las cuotas empresariales, dado que las cuotas de los trabajadores se declaran en cap. 01, 02 y 03.

Todas las páginas se presentarán selladas en los siguientes casos:

— Declaración del COSTE.

— Proyectos de COPRODUCCIONES INTERNACIONALES.

ESPAÑA				

RESUMEN (1)

CAP. 01.- GUIÓN Y MÚSICA ....

CAP. 02.- PERSONAL ARTÍSTICO ....

CAP. 03.- EQUIPO TÉCNICO ....

CAP. 04.- ESCENOGRAFÍA ....

CAP. 05.- EST., ROD/SON. Y VARIOS. PRODUCCIÓN ....

CAP. 06.- MAQUINARIA, RODAJE Y TRANSPORTES ....

CAP. 07.- VIAJES, HOTELES Y COMIDAS ....

CAP. 08.- PELÍCULA VIRGEN ....

CAP. 09.- LABORATORIO ....

CAP. 10.- SEGUROS ....

CAP. 11.- GASTOS GENERALES ....

CAP. 12.- GASTOS EXPLOTACIÓN, COMERCIO Y FINANCIACIÓN ....

TOTAL ....

.............................200....

Firma y Sello,

..................., a .... de ....

(1) En coproducciones internacionales utilizar una columna para cada país

CAPÍTULO 01.- Guion y música

Núm. cuenta

En Cap. 01, 02 y 03:

(*) Incluido "horas extra" (si procede) y retenciones por IRPF y Seguridad Social

(**) Rellenar aunque se incluyan en la casilla anterior

(***) En proyectos de coproducciones

Núm. cuenta		REMUNERACIONES BRUTAS (*)	RETENCIONES (**)		DIETAS	PARTICIPACIÓN EXTRANJERA (***)
			IRPF	SEG. SOCIAL		
01.01.	*Guion*					
01.01.01.	Derechos de autor					
01.01.02.	Argumento original					
01.01.03.	Guion					
01.01.04.	Diálogos adicionales					
01.01.05.	Traducciones					
01.02.	*Música*					
01.02.01.	Derechos autor músicas					
01.02.02.	Derechos autores canciones					
01.02.03.	Compositor música de fondo					
01.02.04.	Arreglista					
01.02.05.	Director orquesta					
01.02.06.	Profesores grabación canciones					
01.02.07.	Ídem música de fondo					
01.02.08.	Cantantes					
01.02.09.	Coros					
01.02.10.	Copistería musical					
	TOTAL CAPÍTULO 01					

CAPÍTULO 02.- Personal artístico

Núm. cuenta	REMUNERACIONES BRUTAS (*)	RETENCIONES (**) IRPF	RETENCIONES (**) SEG. SOCIAL	DIETAS	PARTICIPACIÓN EXTRANJERA (***)
02.01. *Protagonistas*					
02.01.01. « » D.					
02.01.02. « » D.					
02.01.03. « » D.					
02.01.04. « » D.					
02.01.05. « » D.					
02.02. *Principales*					
02.02.01. « » D.					
02.02.02. « » D.					
02.02.03. « » D.					
02.02.04. « » D.					
02.02.05. « » D.					
02.02.06. « » D.					
02.02.07. « » D.					
02.02.08. « » D.					
02.03. *Secundarios*					
02.03.01. « » D.					
02.03.02. « » D.					
02.03.03. « » D.					
02.03.04. « » D.					
02.03.05. « » D.					
02.03.06. « » D.					
02.03.07. « » D.					
02.03.08. « » D.					
02.03.09. « » D.					

Suma y sigue CAPÍTULO 02

Continuación CAPÍTULO 02

Núm. cuenta		REMUNERACIONES BRUTAS (*)	RETENCIONES (**)		DIETAS	PARTICIPACIÓN EXTRANJERA (***)
			IRPF	SEG. SOCIAL		
	Suma anterior					
02.03.10.	« .... » D.					
	« .... » D.					
	« .... » D.					
	« .... » D.					
	« .... » D.					
02.04.	*Pequeñas partes*					
02.04.01.						
02.05.	*Figuración*					
02.05.01.	Agrupaciones					
02.05.02.	Local en					
02.05.03.	Local en					
02.05.04.	Local en					
02.05.05.	Dobles de luces					
02.06.	*Especialistas*					
02.06.01.	Dobles de acción					
02.06.02.	Maestro de armas ....D					
02.06.03.	Especialistas					
02.06.04.	Caballistas					
	Suma y sigue CAPÍTULO 02					

Continuación CAPÍTULO 02

Núm. cuenta		REMUNERACIONES BRUTAS (*)	RETENCIONES (**)		DIETAS	PARTICIPACIÓN EXTRANJERA (***)
			IRPF	SEG. SOCIAL		
	Suma anterior					
02.07.	*Ballet y Orquestas*					
02.07.01.	Coreógrafo ....D					
02.07.02.	Bailarines					
02.07.03.	Cuerpo de baile					
02.07.04.	Orquestas					
02.08.	*Doblaje*					
02.08.01.	Director de doblaje ....D					
02.08.02.	Doblador para					
02.08.03.	Doblador para					
02.08.04.	Doblador para					
02.08.05.	Doblador para					
02.08.06.						
	TOTAL CAPÍTULO 02					

Apéndice 2: Modelo presupuesto ICAA   161

CAPÍTULO 03.- Equipo técnico

Núm. cuenta		REMUNERACIONES BRUTAS (*)	RETENCIONES (**)		DIETAS	PARTICIPACIÓN EXTRANJERA (***)
			IRPF	SEG. SOCIAL		
03.01.	*Dirección*					
03.01.01.	Director .... D					
03.01.02.	Primer ayudante direc. ... D					
03.01.03.	Secretario de rodaje ...... D					
03.01.04.	Auxiliar de dirección ...... D					
03.01.05.	Director de reparto .... D					
03.01.06.	D					
03.02.	*Producción*					
03.02.01.	Productor ejecutivo ...... D					
03.02.02.	Director producción ...... D					
03.02.03.	Jefe producción .... D					
03.02.04.	Primer ayudante prod. ... D					
03.02.05.	Regidor .... D					
03.02.06.	Auxiliar producción ...... D					
03.02.07.	Cajero-pagador .... D					
03.02.08.	Secretaría producción ... D					

Suma y sigue CAPÍTULO 03 ....

Continuación CAPÍTULO 03

Núm. cuenta		REMUNERACIONES BRUTAS (*)	RETENCIONES (**)		DIETAS	PARTICIPACIÓN EXTRANJERA (***)
			IRPF	SEG. SOCIAL		
	Suma anterior					
03.03.	*Fotografía*					
03.03.01.	Director de fotografía ....D					
03.03.02.	Segundo operador .... D					
03.03.03.	Ayudante (foquista) .... D					
03.03.04.	Auxiliar de cámara .... D					
03.03.05.	Fotógrafo de escenas ....D					
03.04.	*Decoración*					
03.04.01.	Decorador .... D					
03.04.02.	Ayudante decoración ....D					
03.04.03.	Ambientador .... D					
03.04.04.	Atrecista .... D					
03.04.05.	Tapicero .... D					
03.04.06.	Constructor Jefe .... D					
03.04.07.	Pintor .... D					
03.04.08.	Pintor .... D					
03.04.09.	Carpintero .... D					
03.04.10.	Carpintero .... D					
	Suma y sigue CAPÍTULO 03					

Apéndice 2: Modelo presupuesto ICAA   163

Continuación CAPÍTULO 03

Núm. cuenta		REMUNERACIONES BRUTAS (*)	RETENCIONES (**)		DIETAS	PARTICIPACIÓN EXTRANJERA (***)
			IRPF	SEG. SOCIAL		
	Suma anterior					
03.05.	*Sastrería*					
03.05.01.	Figurista .... D					
03.05.02.	Jefe Sastrería .... D					
03.05.03.	Sastre .... D					
03.06.	*Maquillaje*					
03.06.01.	Maquillador .... D					
03.06.02.	Ayudante .... D					
03.06.03.	Auxiliar .... D					
03.07.	*Peluquería*					
03.07.01.	Peluquero .... D					
03.07.02.	Ayudante .... D					
03.07.03.	Auxiliar .... D					
03.08.	*Efectos especiales y Efectos sonoros*					
03.08.01.	Jefe Efect. Especiales ... D					
03.08.02.	Ayudante .... D					
03.08.03.	Armero .... D					
	Suma y sigue CAPÍTULO 03					

Continuación CAPÍTULO 03

Núm. cuenta		REMUNERACIONES BRUTAS (*)	RETENCIONES (**)		DIETAS	PARTICIPACIÓN EXTRANJERA (***)
			IRPF	SEG. SOCIAL		
	Suma anterior					
03.08.04.	Jefe Efectos Sonoros ....D					
03.08.05.	Ambientes ....D					
03.08.06.	Efectos sala ....D					
03.09.	*Sonido*					
03.09.01.	Jefe ....D					
03.09.02.	Ayudante ....D					
03.10.	*Montaje*					
03.10.01.	Montador ....D					
03.10.02.	Ayudante ....D					
03.10.03.	Auxiliar ....D					
	Suma y sigue CAPÍTULO 03					

Continuación CAPÍTULO 03

Núm. cuenta		REMUNERACIONES BRUTAS (*)	RETENCIONES (**)		DIETAS	PARTICIPACIÓN EXTRANJERA (***)
			IRPF	SEG. SOCIAL		
	Suma anterior					
03.11.	*Electricistas y maquinistas*					
03.11.01.	Jefe electricistas					
03.11.02.	Electricistas					
03.11.03.	Maquinistas					
03.12.	*Personal complementario*					
03.12.01.	Asistencia sanitaria					
03.12.02.	Guardas					
03.12.03.	Peones					
03.13.	*Segunda unidad*					
03.13.01.	Director .... D.					
03.13.02.	Jefe producción .... D.					
03.13.03.	Primer operador .... D.					
03.13.04.	Segundo operador .... D.					
03.13.05.	Ayudante dirección ......D.					
03.13.06.	Ayudante producción ....D.					
03.13.07.	Ayudante cámara .... D.					
	TOTAL CAPÍTULO 03					

Núm. cuenta	CAPÍTULO 04.- Escenografía	ESPAÑA (*)			
	(*) En coproducciones internacionales: Primera columna: España Resto columnas: Países coproductores (Idem en páginas siguientes)				
	Decorados y escenarios				
04.01.					
04.01.01.	Construcción y montaje de decorados en plató				
04.01.02.	Derribo decorados				
04.01.03.	Construcción en exteriores				
04.01.04.	Construcción en interiores naturales				
04.01.05.	Maquetas				
04.01.06.	Forillos				
04.01.07.	Alquiler decorados				
04.01.08.	Alquiler de interiores naturales				
04.02.	*Ambientación*				
04.02.01.	Mobiliario alquilado				
04.02.02.	Atrezzo alquilado				
04.02.03.	Mobiliario adquirido				
04.02.04.	Atrezzo adquirido				
04.02.05.	Jardinería				
04.02.06.	Armería				
04.02.07.	Vehículos en escena				
04.02.08.	Comidas en escena				
04.02.09.	Material efectos especiales				
	Suma y sigue CAPÍTULO 04				

Continuación CAPÍTULO 04

Núm. cuenta

(Suma anterior ....

04.03.	*Vestuario*
04.03.01.	Vestuario alquilado ....
04.03.02.	Vestuario adquirido ....
04.03.03.	Zapatería ....
04.03.04.	Complementos
04.03.05.	"
04.03.06.	Materiales sastrería ....
04.04.	*Semovientes y carruajes*
04.04.01.	Animales ....
04.04.02.	
04.04.03.	Cuadras y piensos ....
04.04.04.	
04.04.05.	
04.04.06.	Carruajes ....
04.05.	*Varios*
04.05.01.	Material peluquería ....
04.05.02.	Material maquillaje ....
04.05.03.	

TOTAL CAPÍTULO 04 ....

CAPÍTULO 05.- Estudios rodaje/sonorización y varios producción

Núm. cuenta		
05.01.		*Estudios de rodaje*
05.01.01.		Alquiler de platós ....
05.01.02.		Rodaje en exteriores estudio ....
05.02.03.		Fluido eléctrico del estudio ....
05.01.04.		
05.01.05.		Instalaciones complementarias ......
05.01.06.		
05.02.		*Montaje y sonorización*
05.02.01.		Sala de montaje ....
05.02.02.		Sala de proyección ....
05.02.03.		Sala de doblaje ....
05.02.04.		Sala de efectos sonoros sala ....
05.02.05.		Grabación mezclas ....
05.02.06.		Grabación *sound-track* ....
05.02.07.		Transcripciones magnéticas ....
05.02.08.		Repicado a fotográfico ....
05.02.09.		Sala grabación canciones ....
05.02.10.		Sala grabación música fondo ....
05.02.11.		Alquiler instrumentos musicales .....
05.02.12.		Efectos sonoros archivo ....
05.02.13.		Derechos discográficos música ......
05.02.14.		Derechos discográficos canciones ..
05.02.15.		Transcripciones a video para montaje ..

Suma y sigue CAPÍTULO 05 ....

Apéndice 2: Modelo presupuesto ICAA   169

Continuación CAPÍTULO 05

Núm. cuenta   *Suma anterior*

05.03.   *Varios producción*
05.03.01.   Copias de guión ....
05.03.02.   Fotocopias en rodaje ....
05.03.03.   Teléfono en fechas de rodaje ....
05.03.04.   Alquiler camerinos exteriores ....
05.03.05.   Alquiler caravanas ....
05.03.06.   Alquiler oficina exteriores ....
05.03.07.   Almacenes varios ....
05.03.08.   Garajes en fechas de rodaje ....
05.03.09.   Limpieza, etc., lugares de rodaje ....
05.03.10.
05.03.11.   Comunicaciones en rodaje ....

TOTAL CAPÍTULO 05 ....

CAPÍTULO 06.- Maquinaria de rodaje y transportes

Núm. cuenta	
06.01.	*Maquinaria y elementos de rodaje*
06.01.01.	Cámara principal
06.01.02.	Cámaras secundarias
06.01.03.	Objetivos especiales y complementarios
06.01.04.	Accesorios
06.01.05.	
06.01.06.	
06.01.07.	Material iluminación alquilado
06.01.08.	Material maquinistas alquilado
06.01.09.	Material iluminación adquirido
06.01.10.	Material maquinistas adquirido
06.01.11.	Grúas
06.01.12.	Otros materiales iluminación maquinistas
06.01.13.	Cámara Car
06.01.14.	Plataforma
06.01.15.	Grupo electrógeno
06.01.16.	Carburante grupo
06.01.17.	Helicópteros, aviones, etc
06.01.18.	
06.01.19.	
06.01.20.	
06.01.21.	Equipo de sonido principal
06.01.22.	Equipo sonido complementario
06.01.23.	Fluido eléctrico (enganches)
	Suma y sigue CAPÍTULO 06

Apéndice 2: Modelo presupuesto ICAA   171

Continuación CAPÍTULO 06

Suma anterior

Núm. cuenta										
06.02.	*Transportes*									
06.02.01.	Coches de producción									
06.02.02.										
06.02.03.										
06.02.04.										
06.02.05.										
06.02.06.										
06.02.07.	Alquiler coches sin conductor									
06.02.08.	Furgonetas de cámaras									
06.02.09.	Furgoneta de									
06.02.10.										
06.02.11.	Camión de									
06.02.12.	Camión de									
06.02.13.	Camión de									
06.02.14.	Camión de									
06.02.15.	Autobuses									
06.02.16.	Taxis en fechas de rodaje									
06.02.17.	Facturaciones									
06.02.18.	Aduanas y fletes									
06.02.19.										
06.02.20.										
06.02.21.										
06.02.22.										

TOTAL CAPÍTULO 06

CAPÍTULO 07.- Viajes, hoteles y comidas

Núm. cuenta		
07.01.	*Localizaciones*	
07.01.01.	Viaje a	Fecha: ....
07.01.02.	Viaje a	Fecha: ....
07.01.03.	Viaje a	Fecha: ....
07.01.04.		
07.01.05.	Gastos locomoción	
07.02.	*Viajes*	
07.02.01.		Personas a ....
07.02.02.		Personas a ....
07.02.03.		Personas a ....
07.02.04.		Personas a ....
07.03.	*Hoteles y comidas*	
07.03.01.	Facturación hotel	
07.03.02.		
07.03.03.	Comidas en fechas de rodaje	
07.03.04.		
07.03.05.		

TOTAL CAPÍTULO 07 ....

CAPÍTULO 08.- Película virgen

Núm. cuenta		
08.01.	*Negativo*	
08.01.01.	Negativo de color ASA	
08.01.02.	Negativo de color ASA	
08.01.03.	Negativo de blanco y negro	
08.01.04.	Negativo de sonido	
08.01.05.	Internegativo	
08.01.06.	*Duplicating*	
08.02.	*Positivo*	
08.02.01.	Positivo imagen color	
08.02.02.	Positivo imagen B. y N.	
08.02.03.	Positivo primera copia estándar	
08.02.04.	Positivo segunda copia estándar	
08.02.05.	Interpositivo	
08.02.06.	*Lavender*	
08.03.	*Magnético y varios*	
08.03.01.	Magnético 35/16 mm (nuevo)	
08.03.02.	Magnético 35/16 mm (usado)	
08.03.03.	Magnético 1/4 pulgada	
08.03.04.		
08.03.05.	Material fotografías escenas	
08.03.06.	Otros materiales	
08.03.07.		
08.03.08.		
	TOTAL CAPÍTULO 08	

Núm. cuenta		
	CAPÍTULO 09.- Laboratorio	
09.01.	*Revelado*	
09.01.01.	De imagen color	
09.01.02.	De imagen B. y N.	
09.01.03.	De internegativo	
09.01.04.	De *Duplicating*	
09.01.05.	De sonido	
09.02.	*Positivado*	
09.02.01.	De imagen color	
09.02.02.	De imagen B. y N.	
09.02.03.	De interpositivo	
09.02.04.	De *Lavender*	
09.02.05.	De primera copia estándar	
09.02.06.	De segunda copia estándar	
09.03.	*Varios*	
09.03.01.	Corte de negativos	
09.03.02.		
09.03.03.	Clasificación y archivo	
09.03.04.	Sincronización negativos	
09.03.05.	Otros trabajos	
09.03.06.	Trucajes	
09.03.07.	Títulos de crédito	
09.03.08.	Laboratorio fotografías	
09.03.09.	Animación	
09.03.10.	Imágenes de archivo	
09.03.11.		
09.03.12.		
	TOTAL CAPÍTULO 09	

CAPÍTULO 10.- *Seguros*

Núm. cuenta		
10.01.		*Seguros*
10.01.01.		Seguro de negativo ....
10.01.02.		Seguro de materiales de rodaje ....
10.01.03.		Seguro de responsabilidad civil ....
10.01.04.		Seguro de accidentes ....
10.01.05.		Seguro de interrupción de rodaje ....
10.01.06.		Seguro de buen fin ....
10.01.07.		
10.01.08.		Seguridad Social (Rég. General) (Cuotas de empresa)
10.01.09.		Seguridad Social (Rég. Especial) Cuotas de empresa)
		TOTAL CAPÍTULO 10 ....

CAPÍTULO 11.- *Gastos Generales*

Núm. cuenta		
11.01.	*Generales*	
11.01.01.	Alquiler de oficina	
11.01.02.	Personal administrativo	
11.01.03.	Mensajería	
11.01.04.	Correo y Telégrafo	
11.01.05.	Teléfonos	
11.01.06.	Taxis, y gastos de locomoción fuera de fechas de rodaje	
11.01.07.	Luz, agua, limpieza	
11.01.08.	Material de oficina	
11.01.09.	Comidas pre. y post. rodaje	
11.01.10.	Gestoría Seguros Sociales	
11.01.11.		
	TOTAL CAPÍTULO 11	

CAPÍTULO 12.- *Gastos de explotación, comercial y financieros*

Núm. cuenta

- 12.01. *CRI y copias*
- 12.01.01. CRI o Internegativo
- 12.01.02. Copias
- 12.02. *Publicidad*
- 12.02.01.
- 12.02.02.
- 12.02.03.
- 12.02.04. Trayler (*)
- 12.02.05. Making off
- 12.03. *Intereses pasivos*
- 12.03.01. Intereses pasivos y gastos de negociación de préstamos oficiales

(*) Laboratorio, copias, difusión.

TOTAL CAPÍTULO 12

RESUMEN COMPLEMENTARIO

	TOTALES	OBSERVACIONES
Cap. 01		
Cap. 02		
Cap. 03		
Cap. 04		Sin incluir Productor Ejecutivo
Cap. 05		
Cap. 06		
Cap. 07		
Cap. 08		
Cap. 09		
Cap. 10		
COSTE DE REALIZACIÓN		**Subtotal**
Productor ejecutivo		
Gastos generales (Cap. 11)		Límite máximo: 5 % del subtotal
Publicidad (Cap. 12.02.)		Límite máximo: 5 % del subtotal
Intereses Pasivos (Cap. 12.03.)		Límite máximo: 30 % del subtotal
Copias (Cap. 12.01)		Límite máximo: 10 % del subtotal
Doblaje/subtitulado		A cualquier idioma español
Informe E. Auditoría		
COSTE TOTAL		

Bibliografía

- Blum R. A. y Lindheim R. D. *Programación de las cadenas de televisión en horario de máximaaudiencia.* Madrid, Ed. IORTV.

- Cabezón L. A. y Gómez-Urdá F.G. *Producción cinematográfica.* Colección Signo e Imagen. Madrid, Editorial Cátedra, 1999.

- Calvo Herrera C. *La empresa de cine en España.* Madrid, Ediciones del Laberinto, S.L, 2003.

- Cuevas A. *Economía cinematográfica, la producción y el comercio de películas.* Madrid, Edición de –Ramiro Gómez, EGEDA y Compañía Audiovisual Imaginógrafo, 1999.

- Écija & Asociados, Abogados. *Libro blanco del audiovisual. Cómo producir, distribuir y financiar una obra audiovisual.* Madrid, Grupo ExportFilm, 2000.

- EGEDA. *Panorama Audiovisual 2007.* (2006). España. Enlace web: http://www.egeda.es (Leído: 6 de marzo de 2009, GMT-5)

- Ettedgui P. *Diseño de producción y dirección artística.* Barcelona, Océano Grupo Editorial, S.A, 2001.

- Fernández Díez F. *El libro del guíon.* Madrid, Editorial Díaz de Santos, 2005.

- Fernández Díez F. y Martínez Abadía J. *La dirección de producción para cine y televisión.* Colección Papeles de Comunicación No. 3. Barcelona, Paidós (reimpresión), 1999.

- Ford, Bianca y James. *Televisión y patrocinio.* Madrid, Editorial IORTV.

- Guerra A. *Producción Audiovisual*, Tomo 1 (Partidas, presupuestarias unificadas: cine, vídeo y televisión). Produsoft, producción por ordenador. Madrid 1994.

- Jacoste Quesada J. G. *El productor cinematográfico.* Colección experiencias e investigación. Madrid, Editorial Síntesis, 1996.

- Lumet S. *Así se hacen películas.* Madrid, Ediciones Rialp S.A, 1999.

- Martín Proharán M. A. *La organización de la producción en el cine y la televisión.* Editorial Forja, 1985.

- Millerson G. *Técnicas de realización y producción en televisión.* Madrid, Ed. IORTV (Instituto Oficial de Radio Televisión Española).

- Solaroli L. y Otero J. M. *Cómo se organiza un film. Manual del jefe de producción.* Madrid, Ediciones Rialp, S.A, 1972.

Artículos en web

- Instituto Español de Comercio Exterior (ICEX). La producción audiovisual española ante el reto de la internacionalización. Enlace web: http://www.icex.es/staticFiles/Audiovisual%20Espana_ 8472_.pdf (Leído: 6 de marzo de 2009, GMT-5)

Sitios web

- Boletín Oficial del Estado (BOE), España. Enlace web: http//www.boe.es (Leído: 6 de marzo de 2009, GMT-5)
- EGEDA (Entidad de Gestión de Derechos de los Productores Audiovisuales). Enlace web: http://www.egeda.es (Leído: 6 de marzo de 2009, GMT-5)
- Federación de Asociaciones de Productores Audiovisuales Españoles (FAPAE). Enlace web: http://www.fapae.es (Leído: 6 de marzo de 2009, GMT-5)
- Ministerio de Cultura de España. Enlace web: http://www.mcu.es (Leído: 6 de marzo de 2009, GMT-5)